集团内部审计独立与整合

Rebuild Group Company's Internal Audit Department

刘 华 ◆ 著

中山大学出版社
·广州·

版权所有　翻印必究

图书在版编目（CIP）数据

集团内部审计独立与整合/刘华著．—广州：中山大学出版社，2020.7

ISBN 978-7-306-06903-0

Ⅰ.①集… Ⅱ.①刘… Ⅲ.①企业—内部审计—研究 Ⅳ.①F239.45

中国版本图书馆 CIP 数据核字（2020）第 129672 号

JITUAN NEIBU SHENJI DULI YU ZHENGHE

出 版 人：王天琪
策划编辑：熊锡源
责任编辑：熊锡源
封面设计：刘 犇
责任校对：靳晓虹
责任技编：何雅涛
出版发行：中山大学出版社
电　　话：编辑部 020-84111996，84111997
　　　　　发行部 020-84111998，84111981，84111160
地　　址：广州市新港西路 135 号
邮　　编：510275　　传　真：020-84036565
网　　址：http://www.zsup.com.cn　　E-mail：zdcbs@mail.sysu.edu.cn
印 刷 者：佛山市浩文彩色印刷有限公司
规　　格：880mm×1240mm　1/32　7.25 印张　185 千字
版次印次：2020 年 7 月第 1 版　2020 年 7 月第 1 次印刷
定　　价：36.00 元

如发现本书因印装质量影响阅读，请与出版社发行部联系调换

内容提要

从1983年起,我国集团公司开始设立内部审计(任志宏,2005)。内部审计机构成立后,因适应了经济体制改革和市场经济发展的需要而取得了快速发展(王兵、刘力云、张立民,2013)。近年来,内部审计在强化监督、促进合规、管控风险、增加价值等方面的作用逐渐获得社会认可,地位也相应得到较大的提升。内部审计从集团财务职能中脱离出来,直接向集团高层和审计委员会报告,成为内部审计发展的趋势。从内部审计的实践来看,一些集团也已经设立了现代化的内部审计机构并发挥了重要的作用。但是,内部审计的发展还很不均衡,还有一些集团公司对内部审计的认识不足、重视不够,内部审计机构不健全、人员配备不足,审计监督弱化、质量不高。

本书研究的A集团公司就是一个在2018年内部审计还不太健全的公司。A集团公司在国内具有一定的知名度,持有两个全国知名商标。截至2018年12月31日,A集团公司收入规模和资产规模都在千亿元以上,员工人数多达9万人,控股三家上市公司,经营范围广、投资金额大,生产和经营业务遍及世界几十个国家。然而,就是这样一个在国内具有较高知名度的国有集团公司,对内部审计的认识却非常不足,内部审计发挥的作用也十分有限。虽然 A 集团公司在 2007 年成立了审计部,但一直归属于财务部,审计部在集团并不是真正的部门,只是作为财务部的一个组而存在。之所以叫"审计部",完全是应付外部监管的需要。直到 2018 年年底,内部审计部门仍只作为财务部的一个会计检查组而存在,这就多少有点让人惊讶。

2018 年,集团领导层没有发生变更,因此,要不是当年集团曝光的多起舞弊事件,集团领导对内部审计的认识也许不会发生变化。2018 年,A 集团公司连续发现多起收入舞弊和管理层舞弊事件。其中,收入舞弊涉及的单位众多,某二级公司(上市公司)下属的 30 多家分公司几乎都存在收入虚增的问题;经员工举报后调查证实,多名下属公司管理层与代理商合谋损害公司利益,具体来说,管理层帮助代理商获得更低的采购进价,管理层从中获得个人利益;某二级公司违规开展供应链金融业务,内部管理与控制混乱,导致公司利益损失在 1 亿美元以上。虽然这些舞弊事件都是在 2018 年才被发现,但是其存在的时间却都长达几年。这些舞弊或违规问题的发现,清楚地说明:内部审计职能的缺失虽然没有直接制约集团快速扩张的步伐,但是却严重影响了集团的健康发展,同时也会影响集团领导个人的声誉和职业发展。正是这些舞弊和违规问题的曝光,才让集团领导层深刻认识到内部审计的重要性,从而决心提升内部审计能力。

2019 年 1 月,集团公司总经理在生产经营总结大会上提出,要独立与整合审计部,壮大审计队伍,提升审计能力,并将审计部的独立与整合作为集团公司的经营管理大事来抓;要求 3 月份形成正式的集团审计部独立与整合方案并

内容提要

获得集团领导办公会议批准，6月底独立与整合结束。至此，集团公司内部审计翻开了新的一页。本书正是以A集团公司内部审计独立与整合的实践为例，探讨集团公司内部审计在已经边缘化的情况下如何通过独立与整合强化审计能力、提升审计价值。虽然A集团公司审计部的发展与强化之路具有一定的特殊性，但是其背后体现的一些现象和规律应该具有一定的共性。本书的研究对于理论工作者认识我国集团公司内部审计的实践具有一定的意义；对于内部审计实务工作者来说，在整合内部审计资源、提升审计能力方面也具有一定的参考和借鉴价值。

在从内部审计与所处环境适配性、审计部资源配置、审计部设置、审计部整合等四个方面对以往的研究进行综述后，本书从集团公司及各公司审计部职能、审计部机构与人员、审计计划、审计实施、审计报告、内部审计的生存环境、内部审计存在的问题等七个方面来描述审计部在独立与整合前的状况。研究发现，在A集团公司，除了三家上市公司设立了独立的审计部[①]，集团其他公司都没有设立审计部。从内部审计发挥的作用看，独立性弱、权威性不足、审计能力弱，不能满足集团公司发展对于风险管控的需要，集团公司内部审计已经处于可有可无的状态，边缘化程度严重。

在描述集团公司审计部独立与整合前的发展状况的基础上，本书从审计部职能设置、机构设置、人员配置方案、审

---

① 三家上市公司都设立了审计部，其中有两家上市公司审计部向董事长报告工作，一家上市公司审计部向财务部部长报告工作。

计管理方面进行探讨并形成了正式的审计部独立与整合方案。审计部的职能定位是审计部设立的根本问题，决定了审计部要担负的责任和使命。根据《审计署关于内部审计工作的规定》（审计署令第 11 号）对内部审计的定义，审计部的职能可以设置为：通过运用系统、规范的方法，审查和评价集团及所属公司的业务活动、经营管理活动、内部控制和风险管理的适当性和有效性，以促进公司完善治理、增加价值和实现目标。机构设置要考虑的主要问题是审计部归谁领导，这对审计部的独立性和权威性有决定性的影响。人员配置方案包括审计岗位配置、审计人员能力配置和审计人员数量配置。审计管理方案包括计划管理、团队管理、沟通管理、制度管理和成果管理。

接着，本书对审计部独立与整合方案的执行进行了描述，包括审计部正式独立、办公室调整、人员配置、建章建制、审计程序、建设审计案例库、对外部审计的监督、遇到的阻力与困难。在审计部独立与整合后，本书还对审计部后续提升计划进行了探讨，包括审计部的战略规划、审计质量的提升、信息系统的建设、数据挖掘技术的应用以及审计沟通平台的建设。

最后，本书对 A 集团公司审计部的独立与整合进行了小结。审计部的独立与整合要立足于集团现状，通过内部审计职能的重新定义和内部审计资源的重新整合来提升审计能力。

Abstract

Since the year of 1983, some group companies have started to set up internal audit departments (Ren, 2005). After the establishment of internal audit department, Internal audit has adapted to the new economic environment and achieved rapid development (Wang, Liu, and Zhang, 2013). In recent years, internal audit has been gradually recognized by the society because internal audit is able to improve supervision, promote compliance with the laws and regulations, manage corporate risks, and eventually increase corporate value. Meanwhile, the position of internal audit has been raised. Internal audit is separated from the financial department and begins to report to the senior managers of the group and the Audit Committee directly, which is becoming a main trend. In real practices, some group companies have already established a modern audit department that plays an important role in helping the company's healthy growth. However, the development of internal audit is still unbalanced. Many group companies have not paid enough attention to internal audit, and the internal audit department has not functioned well. The common situations

集团内部审计独立与整合

are as follows: lack of internal auditors, audit dysfunction, and low quality audit.

The object of this book is about A Group Company whose internal audit was dysfunctional in 2018. The group is very famous, and has 2 national well-known brands. By the end of 2018, both the income scale and assets scale of A Group Company were over 100 billion RMB, and the number of employees reached 90,000. It held three listed companies, involved in a wide range of businesses and plentiful investments, and did business in many countries around the world. However, the senior managers of A Group didn't pay enough attention to internal audit, and the internal audit contributed little to the group. Though the internal audit department was set up in 2007, it was not a real department but a section affiliated with the financial department. The so called audit department was set up just because the company tried to meet the requirements of the government. It is somewhat surprising that by the end of 2018 the internal audit department still existed as an inspection team of the Finance Department.

The senior managers of A Group did not change in 2018. If several frauds had not been discovered, the managers' attitude towards internal audit would not have changed. In 2018, several income frauds and management frauds were revealed. Take accounting fraud as an example. Almost all of the 30 branches of a second level company (listed company) had overstated their income. Take management fraud as another example. Several managers of the subordinate company conspired with the agents against the group's interests. That is to say, the agents got lower purchase price, and the managers got personal benefits from the collusion. The most noticeable accident happened when a trading company violated the rules and regulations to carry out the supply chain financial business. Since there was no internal control, ultimately a loss of more than $100 million US dollars occurred. These frauds were revealed in 2018, but they had been there for several years. The discoveries of these frauds and violations clearly tell us that the lack of internal audit may not directly restrict the rapid expansion of the group, but it is sure to cause detrimental effects on the healthy development of the group and the senior managers themselves. It is the exposures of these frauds and violations that make the managers of A Group Company deeply aware of the importance of internal audit. To free themselves from taking responsibilities for losing assets of the state-owned enterprise, they were determined to strengthen internal audit.

In January 2019, the general manager of A Group Company announced at the annual meeting that the audit department should be independent and integrated, the audit team should be strengthened, the audit ability should be enhanced, and the independence and integration of the audit department should be taken as the major business management event of the group company. Then the general manager made a schedule, requiring a formal plan of the independence and integration of the audit department should be formed and approved in March, and by the end of June, independence and integration of the audit department should be completed. Thus far, the internal audit turns a new page. This book takes the practice of internal audit's independence and integration as an example, and explores how internal audit of A Group Company strengthens its audit ability and improves its audit value through independence and integration from the marginal situation.

After reviewing previous studies from four aspects: the adaptability between internal audit and its environment, the allocation of audit resources, the establishment of the audit department, and the integration of audit department, this book describes the situations of the audit department from the following aspects: functions of internal audit in a group company, the organizational structure and personnel of the audit department, audit planning, audit implementation, audit report, environment of internal audit, and problems of internal audit. Three public companies in the A Group Company have set up independent audit departments, while other companies have not. Lacking of independence and abilities, the internal audit couldn't meet the requirements of A Group Company's growth. The internal audit of A Group Company has been in an awkward, insignificant situation.

On the basis of describing the current situations of the audit department before independence and integration, this book explores formal audit department's independence and integration scheme from

Abstract

the following aspects: functions of the audit department, organization setting, staffing scheme and audit management. Both the function and the status of the audit department are the fundamental issues, which determine the responsibilities and missions of the audit department. According to the definition of internal audit in the Regulations of the Audit Office on Internal Audit Work (Decree No. 11 of the National Audit Office), the functions of the audit department can be set as follows: to review and evaluate the appropriateness of the operating activities, business management activities, internal control and risk management of the group and its affiliated companies by using systematic and normative methods. The purposes of these functions are to promote the company to improve its governance, add value and achieve its goals. The main consideration in building the audit department is who will manage the audit department. The staffing scheme includes the staffing of audit positions, the qualifications and the number of auditors. Audit management program includes audit planning management, team management, communication management, system management and audit report management.

Next, the book describes the implementation of the audit department's independence and integration scheme, including the announcement of the new audit department, office adjustment, staffing, establishing audit charter, setting audit procedures, constructing audit case databases, supervising external audit, and resistance and difficulty in the implementing process. After the independence and integration of the audit department, follow-up promotion plan of the audit department is also discussed, including the strategic planning of the audit department, the improvement of audit quality, the construction of information systems, the application of data mining technology, and the construction of audit communication platform.

Finally, the book summarizes the independence and integration of the audit department of A Group Company. To enhance the audit capabilities, the independence and integration of the audit department should be based on the current situation, rebuilding internal audit's functions, and re-integrating internal audit resources.

目　录

第一章　引　言 …………………………………… 1
　　第一节　研究意义 ………………………………… 5
　　第二节　研究目的 ………………………………… 7
　　第三节　研究内容 ………………………………… 8
　　第四节　研究方法 ………………………………… 10
　　第五节　本书结构 ………………………………… 10

第二章　相关理论研究 …………………………… 12
　　第一节　内部审计与集团所处环境的适配性研究 … 13
　　第二节　审计资源配置研究 ……………………… 17
　　第三节　审计部设置研究 ………………………… 23
　　第四节　审计部整合研究 ………………………… 31
　　第五节　小　结 …………………………………… 34

第三章　独立与整合前内部审计发展状况 ……… 37
　　第一节　集团审计部职能 ………………………… 39

第二节　审计部机构与人员 …………………… 52

第三节　审计计划 …………………………………… 62

第四节　审计实施 …………………………………… 64

第五节　审计报告 …………………………………… 66

第六节　内部审计的生存环境 …………………… 68

第七节　内部审计存在的问题 …………………… 74

第四章　独立与整合方案 ………………………… 79

第一节　审计部职能设置 ………………………… 80

第二节　审计部机构设置 ………………………… 82

第三节　审计人员配置方案 ……………………… 86

第四节　审计管理方案 …………………………… 96

第五节　审计部独立与整合方案 ………………… 103

第五章　独立与整合执行 ………………………… 113

第一节　审计部正式成立 ………………………… 113

第二节　办公室调整 ……………………………… 115

第三节　人员配置 ………………………………… 116

第四节　章程和制度的订立 ……………………… 132

第五节　审计程序的明确与规范 ………………… 153

第六节　建设审计案例库 ………………………… 163

第七节　对外部审计机构的监督 ………………… 164

第八节　遇到的阻力和困难 …………………… 168

第六章　后续提升计划 ……………………………… 171
　　第一节　审计战略规划 ……………………………… 173
　　第二节　强化审计质量管理 ………………………… 180
　　第三节　信息化建设 ………………………………… 188
　　第四节　数据分析与挖掘 …………………………… 193
　　第五节　审计沟通平台建设 ………………………… 196

第七章　结论和启示 ………………………………… 201
　　第一节　结　　论 …………………………………… 202
　　第二节　启　　示 …………………………………… 204
　　第三节　展　　望 …………………………………… 205

参考文献 ………………………………………………… 207
后　　记 ………………………………………………… 212

第一章
引　　言

　　1983年9月,国务院转发了审计署《关于开展审计工作几个问题的请示》,该文件指出,建立和健全部门、单位的内部审计,是搞好国家审计监督工作的基础。对下属单位实行集中统一领导或下属单位较多的主管部门,以及大中型企业事业组织,可根据工作需要,建立内部审计机构,或配备审计人员,实行内部监督(王兵、刘力云、张立民,2013)。也正是从1983年起,我国的集团公司开始设立内部审计(任志宏,2005)。2006年,上海证券交易所(简称"上交所")和深圳证券交易所(简称"深交所")分别颁布了《上市公司内部控制指引》,要求所有上市公司必须设立监督企业运营状况的内审机构,该机构应隶属于董事会,直接对董事会负责。2007年3月,中国证券监督管理委员会(简称"证监会")、深交所和上交所联合开展上市公司专项整治活动,要求上市公司进行公司治理和内部控制自查时,必须在提交的报告中披露是否设立了隶属于董事会的内部审计部门。2008年6月28日,由财政部、审计署、银监会、证监会、保监会联合发布《企业内部控制基本规范》,自2009年7月1日起在上市公司范围内施行,鼓励非上市的大中型企业执行。《企业内部控制基本规范》第十五条规定:"企业应当加强内部审计工作,保证内部审计机构设置、人员配备和工作的独立性。内部审计机构应当结合内部审计监督,对内部控制的有效性进行监督检查。内部审计机构对监督检查中发现的内部控制缺陷,应当按照企业内部审计工作程序进行报告;对监督检查中发现的内部控制重大缺陷,有权直接向董事会及其审计委员会、监事会报告。"

2018年3月开始施行的《审计署关于内部审计工作的规定》(审计署令第11号)第四条明确规定:"单位应当依照有关法律法规、本规定和内部审计职业规范,结合本单位实际情况,建立健全内部审计制度,明确内部审计工作的领导体制、职责权限、人员配备、经费保障、审计结果运用和责任追究等。"第六条规定:"国家机关、事业单位、社会团体等单位的内部审计机构或者履行内部审计职责的内设机构,应当在本单位党组织、主要负责人的直接领导下开展内部审计工作,向其负责并报告工作。国有企业内部审计机构或者履行内部审计职责的内设机构应当在企业党组织、董事会(或者主要负责人)直接领导下开展内部审计工作,向其负责并报告工作。国有企业应当按照有关规定建立总审计师制度。总审计师协助党组织、董事会(或者主要负责人)管理内部审计工作。"

在政府相关部门的大力推动下,内部审计发展迅速。研究发现:内部审计逐渐受到领导重视,审计独立性提高;内部审计由监督向监督与服务并重;审计工作日益规范化;审计方式从传统方式向信息化转变;审计领域不断扩大;审计结果得到广泛应用(王兵、鲍国明,2013)。内部审计之所以取得快速发展,关键在于适应了经济体制改革和市场经济

第一章 引 言

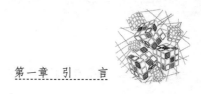

发展的需要（王兵、刘力云、张立民，2013）。

近年来，内部审计在强化监督、促进合规、管控风险、增加价值等方面的作用逐渐获得社会各界认可，一些集团公司也已经建立了现代化的审计部并发挥了重要的作用。但是，内部审计的发展还很不均衡，还有一些集团公司对内部审计的认识不足、重视不够；内部审计机构不健全、人员配备不足；审计监督弱化、质量不高。本书研究的 A 集团公司就是这样一个在 2018 年内部审计还不太健全的公司。

A 集团公司是一家成立于 20 世纪 50 年代的国有独资公司，是以房地产、家电、金融、智能科技为主要板块的大型集团公司，在国内拥有三家上市公司、两个国家著名商标，海外分支机构遍布美洲、欧洲、非洲、中东、澳洲及东南亚，产品销售到几十个国家和地区。2018 年，A 集团公司销售收入 1500 多亿元，实现净利润 100 亿元，员工达到 9 万人。近年来，A 集团公司还成功并购了两家海外大型企业集团，到 2018 年年底境外投资规模达到 400 亿元以上。A 集团公司不仅在国内知名度高，在国外也有一定的知名度，但就是这样一家特大型国有企业集团，虽然在 2007 年就成立了审计部，但是审计部却一直作为财务部的一个组而存在，审计地位较低，审计部归属财务部部长领导，其主要工作是对二级单位的经营绩效进行审计。

自 2007 年成立以来，作为财务部内部的一个组，内部审计的作用随着财务部部长的重视程度不同和审计部部长能力的不同而发生变化，但审计工作的范围一直都是集中在财务审计。到了 2018 年，审计部的工作除了经营绩效审计之外，大部分时间都在从事资金管理和存货盘点，还有一人被借调到二级公司从事会计核算,内部审计在内部控制、风险管理和发现经营管理问题方面的作用没有得到发挥。从二级公司的审计机构和人员设置情况来看,情况也不容乐观;除了三家上市公司设置了审计部,其他子公司都没有设立审计部,只是在财务部内设置审计岗,审计岗向财务部部长报告工作。即使是设立了审计部的三家上市公司,其内部审计也主要是经营绩效审计和离任审计。除了以核实经营数据为重点的财务审计,根据资本市场监管机构的要求,上市公司审计部还要对内部控制的有效性进行评价。而从这三家公司从事内部控制评价的实践来看,审计部的作用主要是收集和整理内部控制评价表格,实际并没有进行现场测试,内部控制评价流于形式,难以揭示和防范风险。从 A 集团公司及二级公司审计部的工作职责来看,主要是以财务审计为工作重点,内部审计在公司经营管理和风险管控中的作用缺失。

在社会上对内部审计越来越重视的大背景下,在集团公司快速发展的情况下,A 集团公司审计职能的弱化与边缘化并没有引起集团领导的重视,公司内部审计职能反而不断弱化,变得越来越不重要。这多少有点让人惊讶,甚至让人开始产生怀疑:是不是内部审计反倒会制约公司的快速发展?然而,在 2018 年发现的舞弊或违规问题很快就给集团领导敲响了警钟。在 2018 年,A 集团下属某子公司(上市公司)设在全国各地的分公司普遍出现了提前确认收入的情况,另一个子公司也发现少预提了大额的仓储费用,还有一个子公司发现其下属一些分公司的经理层与经销商合谋获取私利。更为严重的是,A 集团下属的某贸易公司违规开展供应链金融业务,导致集团损失至少 1 亿美元。

第一章 引　言

　　大范围的舞弊以及舞弊带来的国有资产的重大损失给集团领导带来了很大的压力，以前不重视、认为不需要内部审计的领导也开始认识到内部审计在防范风险、加强管控方面的作用，决定强化审计力量。在 2019 年 1 月召开的年度经营大会上，集团领导决定重构审计职能，并将"强化审计队伍、提升审计能力"作为 2019 年的重大经营管理事件来抓。根据集团领导的要求，在 3 月底，集团审计部独立与整合方案正式提交并获得集团领导办公会议通过。4 月份，独立与整合方案开始执行，当月完成现有审计人员的整合；6 月份，审计部对独立与整合方案执行完成。

　　A 集团公司审计部的独立与整合前后历时 6 个月，整个过程为研究内部审计的转型提供了很有价值的素材。本书的研究正是基于 A 集团公司内部审计的独立与整合来展开探讨，涉及独立与整合前的情况、独立与整合的方案制订和执行、独立与整合后的进一步规划。

第一节　研究意义

　　中国内部审计协会在 2014 年对内部审计给出的定义是：一种独立、客观的确认和咨询活动，它通过运用系统、规范的方法，审查和评价组织的业务活动、内部控制和风险管理的适当性和有效性，以促进组织完善治理、增加价值和实现目标。2018 年 3 月 1 日起施行的《审计署关于内部审计工作的规定》（审计署令第 11 号）第三条规定，"内部审计是指对本单位及所属单位财政财务收支、经济活动、内部控制、风险管理实施独立、客观的监督、评价和建议，以促进单位完善治理、实现目标的活动"。第六条规定，内部审计"应当在本单位党组织、主要负责人的直接领导下开展内部审计工作，向其负责并报告工作"。第十二条规定了内部审计应当履行的职责，包括：对贯彻落实国家重大政策措施情况和审计发展规划、战略决策、重大措施以及年度业务计划执行情况审计；财政财务收支审计；固定资产投资项目审计；自然资源资产管理和生态环境保护责任的履行情况审计；境外机构、境外资产和境外经济活动审计；经济管理和效益审计；内部控制及风险管理情况进行审计；经济责任审计；等等。

审计署11号令为各类组织强化内部审计提供了制度依据和政策要求，应当可以促进内部审计权威性的提高和职能的加强。在这种大的背景下，探讨如何提高审计能力、强化审计职能本身就是一个很有意义的话题。尤其是对于国有特大型A集团公司来说，在政府监管部门对内部审计越来越重视、企业规模越来越大的情况下，内部审计却越来越边缘化，这更加值得关注。直到2018年年底，A集团公司发现了广泛性的、重大的舞弊，特别是其中一家贸易公司违规开展供应链金融业务，导致集团损失1亿美元以上，高层领导感到自己对国有资产管理的重大压力，这才开始意识到内部审计的重要性，决定提高审计能力。A集团公司内部审计的发展为研究内部审计提供了很好的机会。

本书基于A集团公司的实践来研究集团内部审计独立与整合，包括独立与整合方案的形成、独立与整合方案的执行、后续提升计划。本书研究的意义有二：一是在《审计署关于内部审计工作的规定》开始施行后，内部审计应该更好地履行职责和发挥作用。然而，A集团公司内部审计在2018年以前却不断弱化，直到大范围违规问题和舞弊的发现，管理层才开始重视内部审计。本书基于A集团公司内部审计的独立与整合实践来探讨集团公司如何提高审计能力、强化审计作用，可以为其他集团公司或组织重构内部审计力量提供参考和借鉴。二是本研究也为理论工作者了解公司内部审计实践提供了素材。A集团公司内部审计出现的现象和采取的做法为认识内部审计提供了参考，具有一定的实践意义。

第二节 研究目的

A集团公司的内部审计在独立与整合前，只是财务部的一个会计检查组，不能在风险管理和内部控制方面发挥审计作用。正如王兵、刘力云（2015）所指出的那样，我国内部审计的产生与发展主要是源于政府部门和监管部门的强制性推动。但是，行政权力无法解决内部审计在组织中发挥作用的问题。虽然A集团公司根据政府主管单位要求设立了审计部，但是这个审计部并不是真正的"部"；它之所以叫"部"，也完全是为了应付上级主管单位，其发挥的作用主要集中在会计和财务监督。集团公司领导也不重视内部审计，内部审计边缘化严重，处于可有可无的状态。

然而，2018年集团曝光的舞弊或违规问题以及造成的损失给集团领导带来了巨大的压力，也深深改变了集团领导对内部审计的态度。在2019年1月，集团领导决定独立与整合集团内部审计力量，以提高审计能力，发挥审计在风险防范中的作用。A集团公司内部审计独立与整合的实践顺应了内部审计发展的一般趋势,具有一定的参考意义。由于以往的研究较少探讨内部审计部门的独立与整合问题,本书的研究丰富了相关研究。研究的目的有三:一是研究集团公司内部审计为什么要独立与整合,即独立与整合的背景如何。A集团的审计部自2007年成立,直到2019年才成为真正意义上的部,为什么?二是研究集团内部审计独立与整合的方案应该如何设计,设计方案应该考虑哪些因素。三是研究集团内部审计独立与整合方案如何执行,以及执行后如何进一步提高内部审计的质量。

第三节 研究内容

为了实现上述研究目的,本书具体研究三个方面的内容。

首先,研究集团公司内部审计独立与整合的背景和独立与整合方案的制定。A集团公司内部审计原归属于财务部,发挥的作用主要集中在财务报表审计。近年来,在集团公司快速发展的背景下,内部审计却不断弱化。内部审计的这种发展状况应该从哪些方面来进行描述?而正是因为2018年发现的舞弊或违规问题,才让集团领导下定决心独立与整合审计部。那么,在审计部还隶属于财务部管理的情况下,内部审计如何实行独立,如何通过审计资源整合来强化审计能力?具体来说,独立与整合涉及两个方面:一是集团公司审计部从财务部独立,二是在集团公司及集团公司管理的全部分公司和子公司范围内实现审计资源的整合。审计部从财务

第一章 引 言

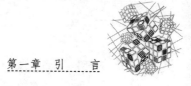

部独立,要考虑四个方面的问题。一是要考虑审计部职能的重新定义,审计部与财务部、纪委以及其他监察机构如何划分职责。二是审计部的机构应该如何设置,是所有二级公司都设置审计部,还是所有审计力量都集中到集团?三是审计人员如何配置,审计部部长和内部审计人员的资质要求是什么?四是审计部独立与整合后如何进行管理。

其次,研究集团公司内部审计的独立与整合方案的执行。执行过程主要涉及集团财务部和审计部、二级公司财务部和审计部的调整。这些调整直接涉及相关机构和人员的利益。如何执行集团审计独立与整合方案,以提高审计能力,达到防范风险、增加集团价值的作用?本书从以下八个方面开展研究:一是宣告审计部的正式成立,审计部成为真正的集团部门,直接向总经理报告工作,这无疑大大增加了审计部的独立性与权威性。二是办公室的调整。三是人员配置,在人员调整过程中,三家上市公司的审计人员基本都同意与集团人事部签订劳动合同,但是部分二级公司审计人员不愿意调到集团,因为集团公司工作压力更大、加班更多,不但工资不会增加,福利还可能会减少。四是内部审计章程和内部审计管理制度的订立。五是审计程序的明确。六是对以往审计历史经验进行梳理,通过建立审计案例库来积累集团的审计知识和经验。七是对外部审计的监督。八是独立与整合遇到的阻力及困难。

最后,研究审计部独立与整合后,后续如何提升审计能力。在集团公司内部审计独立与整合完成后,审计部的权威性和独立性大大增强,审计职能也大大扩大,审计工作也开始有序进行。但是大部分审计人员缺乏审计内部控制、风险

管理、信息系统的经验，审计信息化程度也非常低。审计部面临的主要困难就是较弱的审计能力不能充分发挥内部审计在风险管控和增加价值方面的作用，因此独立与整合后，应该进一步提升审计能力，一是对审计战略进行系统规划，二是强化质量管理，三是实施信息化建设，四是把数据分析和挖掘技术应用到审计工作中来，五是建立审计沟通平台。这五项措施的最终目的都是要提高审计部的审计能力，更好地体现审计价值。

第四节 研究方法

本书采用文献研究与案例研究相结合的方法。已有的关于内部审计与所处环境适配性的研究、审计资源配置研究、审计部设置研究和审计部整合研究的理论文献为本研究提供了理论依据。基于A集团公司审计部的独立与整合的实践，本书描述了独立与整合前的情况、独立与整合方案的制定、方案的落实以及后续审计部的进一步发展计划，通过案例分析来研究集团审计部的独立与整合。

第五节 本书结构

本书共分七章。

第一章为引言，共分五小节。第一节为研究的意义，第二节为研究的目的，第三节为研究的内容，第四节为研究的方法，第五节为本书结构。

第二章为集团内部审计独立与整合的相关文献综述，共

第一章 引 言

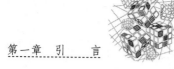

分五小节。第一节为内部审计与集团所处环境的适配性研究,第二节为审计资源配置研究,第三节为审计部设置研究,第四节为审计部整合研究,第五节为小结。

第三章为集团内部审计独立与整合前的发展状况,共分七小节。第一节为集团审计部职能,第二节为审计部机构与人员,第三节为审计计划,第四节为审计实施,第五节为审计报告,第六节为内部审计的生存环境,第七节为内部审计存在的问题。

第四章为独立与整合方案,共分五小节。第一节为审计部职能设置,第二节为审计部机构设置,第三节为审计部人员配置方案,第四节为审计管理方案,第五节为审计部独立与整合方案。

第五章为独立与整合执行,共分八小节。第一节为审计部正式成立,第二节为办公室调整,第三节为人员配置,第四节为章程和制度的订立,第五节为审计程序的明确与规范,第六节为建设审计案例库,第七节为对外部审计机构的监督,第八节为遇到的阻力和困难。

第六章为后续提升计划,共分五小节。第一节为审计战略规划,第二节为强化审计质量管理,第三节为信息化建设,第四节为数据分析与数据挖掘技术的应用,第五节为审计沟通平台建设。

第七章为结论和启示,共分三小节。第一节为本书结论,第二节为启示,第三节为展望。

第二章
相关理论研究

到 20 世纪 30 年代，内部审计已经被企业和从事外部审计的注册会计师认可为重要的控制活动。而这种认可主要是因为 1934 年美国证券交易委员会的成立和审计目标、审计技术的变化。在经历了经济大萧条后，美国证券交易委员会要求上市公司必须提供经过注册会计师审计的财务报告，这促使企业开始发展内部审计，当时，内部审计的主要职责是协助注册会计师进行审计，内部审计师也因此一度被视为注册会计师的影子。直到 1942 年，国际内部审计师协会（IIA）在纽约成立，内部审计才真正成为一种职业，才真正走出注册会计师的影子（Moeller，2009）。

内部审计的产生和发展都离不开所处的环境，A 集团公司要独立与整合审计资源，也必须考虑内部审计的宏观环境和所处的微观环境。为了满足政府主管单位的要求，A 集团在 2007 年成立了审计部。十多年来，审计部一直放在财务部下面，归属于财务部部长领导，审计部部长并不参加集团召开的部门领导大会，审计部并不是真正的部门，在集团组织架构上只是财务部的会计检查组，不能发挥现代内部审计在完善治理、实现目标和增加价值方面的作用。到了 2018 年，审计部的职能进一步弱化，已经处于可有可无的状态。

而到了 2019 年 1 月，集团领导才开始真正重视内部审计，将独立与整合审计部作为当年的经营管理大事来抓。

本章首先对内部审计和环境适配性的相关研究进行综述，其次对审计资源配置方面的研究进行综述，最后对审计部设置和整合相关方面的研究文献进行综述。

第一节
内部审计与集团所处环境的适配性研究

审计环境是内部审计的基础和前提，影响审计目标的确定、审计职责的大小和审计工作的实施。从层次和范围上来说，审计环境既包括内部审计机构这个内部小环境，也包括内部审计所在组织的中观环境，还包括组织所处的外部大环境，这三个不同层次的环境也处于不断变化和发展中。由于内部审计面临的是动态变化的内外部环境，因此内部审计部门要不断评价和预测面临的环境情况，积极采取措施，为维护良好的审计环境而努力（刘德运，2014）。

赵玲、姜一川（2014）指出，组织所处的内外部环境严重影响着内部审计的发展方向、发展速度与发展质量，同时内部审计对其所处的环境也有一定程度的反作用。审计环境所涵盖的内容包括：审计业务执行的外部政治环境、经济环境、社会环境、科技环境、法律环境以及企业的内部控制环境等。当内部审计适应政治环境时，审计人员道德意识增强；当内部审计适应经济环境时，审计范围与职能将扩大；当内部审计适应社会环境时，审计部能够正确处理与被审计部门的关系；当内部审计适应科技环境时，审计信息化建设将加快。

企业内部审计的发展无疑与企业对内部审计的需要和定位密切相关。如果企业不需要内部审计，那么内部审计就不可能发展得很好；如果企业管理层从心里拒绝内部审计，那么内部审计的处境就会很尴尬。简言之，内部审计的发展必须与集团公司所处的环境相关。郭巧玲（2013）指出，企业集团内部审计是监督与服务、治理及控制的重要工具，内部审计领导方式、内部审计报告对象、内部审计机构、内部审计管理方式、内部审计沟通重点、内部审计人员素质、内部审计工作领域、内部审计制度等内部审计要素，只有与微观环境相匹配，才能为实现有效的内部审计奠定基础。

内部审计的环境可以进一步从公司治理和控制两个方面来分析。公司治理主要是指所有者对经营者的一种监督与制衡机制，即通过一种制度安排，来合理地界定和配置所有者与经营者之间的权利、利益与责任，目标是保证股东利益的最大化，防止经营者与所有者利益的背离，预防"逆向选择"和"道德风险"。吴清华、裘宗舜（2009）认为，内部审计产生的原因在于降低代理人与委托人之间的信息不对称或代理成本的需要。为实现对公司治理层次的受托责任关系的认定和解除，内部审计的服务涵盖风险管理、治理流程和内部控制等领域。内部审计通过对组织的风险管理、内部控制、治理流程的有效性进行绩效评估，提出改进建议，以帮助组织实现目标。在此背景下，内部审计的主要工作，将体现为一种价值创造性质的、以绩效评估为主的治理行为。

从公司治理方面看，母公司是子公司的出资者，因而其治理的模式或内容对全资子公司、控股子公司起着决定性作用。企业集团的治理模式以集团母公司对子公司治理模式为主要组成部分,即母公司对子公司的治理程度强弱直接反映了母公司、子公司自身治理程度的强弱。按照治理程度的强弱,将集团公司治理模式分为强治理型、中治理型、弱治理型。强治理型是指控股子公司的主要股东是母公司。母公司拥有子公司的重要控制权,主要通过选举、委派执行董事和非执行董事等形式,在控股公司的董事会占据优势地位,影响控股公司决策和监控控股公司运行。另外,母公司通过委派财务、审计等专业人员到控股公司工作,来加强对其控制力度。中治理型是指母公司对子公司适度放权,除了董事会人选外,其他重要岗位管理者由子公司自行任用。弱治理型是指母公司是全资子公司的唯一股东,母公司从而对全资子公司拥有控制权。全资子公司不设股东大会,只设董事会、监事会,而股东大会的部分权力由董事会行使。

集团公司控制模式以母公司对子公司的控制模式为主要组成部分,母公司对子公司的控制程度直接反映了母公司及子公司自身的控制程度。按照控制程度的高低,将集团控制模式分为强控制型、中控制型、弱控制型。强控制型表现在母公司从战略规划制定到战略实施都对子公司进行控制性管理。母公司是经营型总部,可能无限干预子公司。中控制型表现在母公司统一掌控企业集团经营,通过战略规划和预算对子公司进行约束。母公司是战略规划型总部,负责企业集团的战略、投资、经营运作和人力资源等方面的战略规划;各子公司按照母公司的要求,制定本公司战略规划并提出相应预算;母公司负责审批子公司规划并给出合理建议;预算批准后,子公司开始执行。在弱控制型控制模式下,母公司只负责企业集团的筹资、运营、投资等重要财务管理工作,

而子公司每年只需要实现母公司认可的财务目标。

公司治理与控制影响内部审计的领导、报告对象、管理方式和沟通重点。在强控制、弱治理模式下，内部审计比较适合归属于总经理领导，内部审计报告对象也是总经理比较合适，内部审计适宜采用集权型的管理方式，内部审计沟通的重点应该在内部。而在弱控制、强治理模式下，内部审计比较适合归属于董事长领导，内部审计报告对象应当为董事会，内部审计适宜采用分权型的管理方式，内部审计沟通的重点不仅包括内部还包括外部。内部审计与公司治理、控制的适配研究见表2-1。

表2-1 内部审计与公司控制、治理的适配（郭巧玲，2013）

	强控制、弱治理	弱控制、强治理
内部审计领导	总经理	董事长
内部审计报告对象	总经理	董事会
内部审计管理方式	集权型	分权型
内部审计沟通重点	内部	内部和外部

陈国珍、赵婧（2013）指出，企业信息化的发展给审计技术方法带来变革，同时也带来审计思维和基本理念的转变，在信息技术风险评估的基础上应用现代审计技术与方法便是一个基本的转变。内部审计人员应积极开展对信息化环境下风险的分析，充分考虑风险评估的结果，重点关注缺乏控制、重要性程度高以及可能产生舞弊的控制环节，以合理确定信息系统审计的内容及范围，对公司的信息技术内部控制的设计和执行有效性进行测试，并完善内部控制体系。

第二节 审计资源配置研究

国内企业集团管理控制对内部审计的需求包括四个方面：一是现代企业集团管理朝法制化、制度化、规范化发展需要构建内部审计制度，二是加强企业集团财务、管理监控需要健全的内部审计监督机制，三是正确评价子公司内部控制的健全性和有效性需要内部审计来完成，四是集团总部职能的转变需要加强内部审计工作（李晓红，2008）。张庆龙（2006）认为审计资源包括两方面：一方面是审计资源的内涵，本质上是一种用于审计活动的社会资源；另一方面是指审计的外延，即所有可以用于检查受托经济责任的社会资源，包括审计人员、审计技术、审计信息、审计财力、审计文化等所有能够被审计活动运用的资源。吴丹（2018）指出，人力、财力、信息、技术、制度和文化资源是内部审计资源要素中的关键性资源。陶航平（2006）认为，审计资源中主要包括人力资源、信息资源和技术资源。审计资源整合的实质，就是提升审计资源的潜能，优化审计资源配置，最大限度地利用和发挥资源优势，提高审计工作层次和水平。审计资源整合要科学规划、协调组合，注重提升潜能、优化配置，加强人力资源的整合，加强审计项目的计划管理，加强审计信息化建设。

尹维喆（2012）指出，分级管理走向集中管理是现代企业集团内部审计体制的趋势，世界500强中的西方企业内部审计力量多集中在总部。内部审计工作应该以风险为导向，抓住审计重点，帮助企业集团防范风险，实现审计工作目标。李波、翟云萱和霍小姣（2011）通过研究发现，内部审计职能虽然已经在上市公司建立起来，但是从上市公司已经披露的内部审计信息来看，内部审计还处于发展初级阶段，可利用资源不足，整体规模偏小，内部审计人数偏少，最少的为2人，最多的为20人，平均为5人，有的上市公司可能是为了满足外部监管要求而配备人员，不能保证内部审计的效率和效果。约50%的中国上市公司内部审计的主管部门是财务总监或总经理。中国上市公司内部审计的职责主要是以财务审计和专项审计为主，对内部控制审计和风险管理等业务涉及很少，这极大地限制了内部审计作用的发挥。

陈善驰、陈和平（2011）认为，内部审计资源是制约公司内部审计发展的关键因素，提出内部审计资源分配应当满足确认和咨询业务的需要。确认职能主要强调对组织的规章制度与整体运行情况等宏观层次进行评价工作，侧重点是流程设置、制度建立和决策监督机制健全与否，其可能划分的标准只有优、良、中、差之分。咨询职能则主要强调内部审计工作查处组织内部实际运营出现的不符合管理科学、经济科学和有违常理、原则运行的具体问题，侧重点是改进流程、提高效益等微观层次的工作。在审计资源一定的情况下，审计资源分配到确认和咨询上就会此消彼长：对于确认职能的资源投入增多，咨询所能分到的资源必然减少；同理，投入在咨询职能的资源增多，确认职能的工作必然受到影响。

郭西（2007）认为，审计资源整合是为了实现审计的目标，并从审计资源计划管理、合理配置现有审计资源、加强对审计资源的开发、审计资源共享四个方面提出了如何整合审计资源。其中,审计资源计划管理包括:确保审计资源计划的编制科学合理,保证审计资源计划得到有效执行,适时调整审计计划,加强审计计划的检查与考核。合理配置现有审计资源包括:宏观层面协调各种资源配置,微观层面资源优化。加强对审计资源的开发包括人力资源开发、财力资源开发、信息资源开发、技术资源开发、文化资源开发、组织资源开发。

尹登高(2017)指出,可以从机构设置、人员管理、经费管理和业务管理四个方面来提出整合审计资源的建议。刘德运(2014)认为,整合各种审计资源,包括人员、设备、系统软件、技术、数据信息、沟通交流等,是增值型内部审计成功的资源支持和技术保证。审计人员是最重要的审计资源,也是其他资源的基础和前提,配备恰当数量和素质的审计人员至关重要,同时也要优化内部审计人员结构并加强后续教育。为了适应信息化的需要,还需要加强内部审计的信息化建设,包括设备、系统软件、技术的掌握、熟练和创新。采用系统化、规范化的科学方法收集需要的数据信息并恰当地交流,是影响审计效果的重要因素,也是审计的重要资源支持。

乔翠云(2012)认为,内部审计资源配置最大的特点是效益性原则,并且指出内部审计资源流动性强,如果利用不好,效益不高,很容易导致资源流入其他部门或改作其他用途。改进审计方法,提高工作效率,可以节约内部审计资源;改进审计手段也可以较大幅度地提高工作效率,从而节约内部审计资源;充分利用审计结果是内部审计提高资源使用效益的重要途径。加强内部审计与注册会计师外部审计的协调，防止工作重复，可以较大程度地节约内部审计资源。

李敏（2012）指出，为了解决内部审计资源缺乏和资源使用效率不高的问题，在审计资源配置过程中引入项目组合管理可以帮助内部审计机构采用科学的、系统的方法对审计资源进行管理，确定项目的优先级别，然后对所需人力、财力、物力资源进行重新配置，实现组织内部资源的统一规划、统一部署、统一调动，提高审计资源利用效率和效果。项目组合管理方法在内部审计资源配置中的应用步骤：一是根据内部审计机构的实际情况及审计项目的特点，确定审计项目评估指标体系。二是由各项目审计组长或主审负责填写评估表，并作为第一评分人对各项指标进行评分，分值可在0～100分，得分越高，项目越重要。三是根据评分结果对项目组合中的各项目审计资源进行重新配置。四是审计项目负责人跟踪审计项目的执行情况，不断调整单个审计项目的风险评估，对重大调整情况应及时向机构负责人汇报，并对审计工作或实施方案进行调整，保证审计任务的顺利完成。项目组合管理是一个动态的、持续的、循环的过程，随着企业内外部环境的不断变化，对项目组合的分析也将不断变化。内部审计机构应不断跟踪各方面环境及指标体系的使用情况，及时进行更新调整。

李胜义（2009）从人力资源、信息资源、技术资源三大方面提出了提高内部审计资源管理水平的措施。一是立足人力资源管理，提升审计队伍整体实力。措施是：改善组织运行方式，实现人员有序流动；优化人力资源合理配置，建立健全激励措施；强化持续教育，充分挖掘内在潜力；借用

第二章 相关理论研究

管理专家，有效利用外延力量；建立人才储备库，实施人力资源战略管理。二是以整合资源为载体，完善审计信息管理框架。具体措施包括：建立审计信息资源库，实现信息资源集中管理；建立审计电子信息管理系统，共享信息资源；强化审计信息开发利用，通过授权管理、科学引导等方式提高信息的利用效率。三是以挖掘技术资源为手段，提升审计工作水平。具体措施包括：重视计划管理，统筹安排审计技术资源；建立审计技术操作模型；开发技术资源，提高技术水平；应用计算机技术，采集内部审计信息，实现在线联网、实时监控，使内部审计工作由单一事后审计转化为事中、事后全程审计，由静态审计转化为动静结合审计，加强对企业财务数据、生产经营管理环节的审计，增强内部审计工作的前瞻性、可控性、时效性和操作性。

马志高（2010）提出，内部审计资源整合的途径主要有编制科学的中长期规划、搞好审计项目的策划、合理设置审计机构、整合人力资源、改进工作方法以及创新审计手段。云应平（2011）阐明了企业内部审计资源整合面临的矛盾：审计队伍力量薄弱与审计任务繁重的矛盾，新形势、新任务要求与审计人员知识老化的矛盾，计算机辅助审计要求与审计手段落后的矛盾。企业内部审计整合资源解决矛盾的措施包括：合理配置现有审计人员，对实施的审计项目综合考虑，在组织审计队伍时，注重审计人员的合理匹配；加强学习，时刻注重知识更新，审计队伍现状要求我们尽快优化审计队伍的专业结构和知识结构，逐步形成一个知识合理、优势互补、数量和质量相统一的复合型专业队伍；利用计算机审计手段，提高审计工作水平。娄向阳（2011）认为，审计资源可以分离出审计主体、人力、信息、技术这些关键性资源，整合审计资源应遵守目标性、经济性、整体性三项基本原则。

内部审计的开展需要耗费大量人力、财力和物力，在资源总体有限的情况下，通过统筹安排和合理使用来充分发挥各类资源的效率是提高审计成效的重要保障。孙敏（2014）指出，审计信息资源是指审计部门和审计人员掌握和利用的各种信息以及审计过程中形成的各种资料，包括审计工作底稿、审计调查记录、审计证据、审计报告、审计技术资料、审计历史文献等审计工作记录、审计成果以及涉及被审计单位经营和管理情况的所有电子、文字、音像资料等。现代社会是信息和知识爆炸的社会，被审计对象的背景资料及审计相关资料种类繁复、数量庞大，只有通过建立一套有效的信息收集、使用和传递机制，才能适应大数据时代的需求。

在对内部审计资源整合问题与对策的研究中，宋志香（2011）提出，整合审计资源的方式包括：集团公司上下级内部审计机构联合开展审计项目；提高审计人员素质与技能；借助集团公司营销、采购、研发、法务等部门力量；深度挖掘审计成果的转化和利用，提升审计效果；加强审计信息、技术的交流，充分实现资源共享；协调内部审计监督与其他监督的关系，优化审计环境资源。蒋政（2011）认为，审计资源整合要树立大局意识，以前瞻的眼光和开阔的眼界，关注企业所在行业、区域、领域存在的风险，注重发现可能影响企业经济安全的各种苗头性问题，及时发出预警，提醒有关方面采取预防措施；要从宏观上、从企业经济发展的整体和全局角度，抓住宏观经济的大势、围绕企业发展的大局，服从管理层的宏观决策，在全面审视企业管理和发展的基础上，突出重点，依法审计，善于从宏观层面和从机制、体制、制度层面分析、研究和处理审计中发现的问题，逐步实现审计计划和管理的科学化。具体来说，就是要围绕中心、服务大局、突出重点，始终坚持在企业审计上下一盘棋的思想，整合审计资源，提高审计资源利用效果和效率。整合包括审计项目计划整合、审计人力资源整合、内外部审计资源整合、职能部门间的资源整合、审计信息资源的整合、审计技术资源整合。审计资源整合中最重要的是人力资源整合。审计人力资源整合的目的是提升审计人员的综合素质，并为其发挥积极性与创造性创造条件。

聂新军、张立民（2008）建立了资源整合效用模型，资源整合效果指数等于顾客满意度除以资源耗费，该模型说明了要提高审计资源的整合效果，一是要提高审计客户满意度，二是要考虑审计资源的耗费。企业内审资源整合主要分为集中与分散两种管理方式。针对具体情况，对于非上市公司应优先采取集中式管理，其审计部门直接归属于集团审计总部，这样有利于内审部门的独立性与权威性的形成（周红梅，2012）。

第三节　审计部设置研究

法国内部审计师协会曾经于 2010 年对欧美国家的内部审计机构进行了调查。研究发现：绝大部分单位设置了内审机构，审计人员越来越年轻化；企业设立内部审计部门，动力主要源于法律法规的要求，少部分来自自身管理的需要；

58%的内部审计机构汇报层级较高，直接向总经理或董事会报告，其余企业采取较低的汇报模式（辛士勇，2014）。根据美国证券交易委员会的规定，上市公司必须设立独立的审计委员会，由不参与经营管理的外部董事任职；按照相关规定，公司要有内部审计机构，配置符合管理需要的内部审计人员，并独立开展内部审计项目。为了保证内部审计的权威性和独立性，内部审计的汇报对象应该级别较高，审计部负责人最起码要向副总经理负责，许多审计部负责人要向审计委员会负责。

任志宏（2005）指出，现代企业集团内部审计机构的设立与管理，应根据企业集团的需要来灵活选择和运用内部审计管理模式。吴清华、裘宗舜（2009）提出了一个集团公司两个层次的审计部设置架构。第一层次是在集团公司董事会下设审计部，它在监控机制中处于核心地位，接受集团公司董事会的领导和监督，集团公司审计部直接管理二级公司审计部。第二层次是集团二级公司以及以下子公司的内部审计，分别接受上一级公司审计部的管理。该组织架构在坚持董事会领导的模式下，有助于提高集团公司内部审计的独立性和权威性，保证其独立履行监督反馈职能，实现集团公司资本的保值增值。

李涛、龚璇（2013）认为，基于内部审计的价值构成与风险链条，企业集团的内部审计运行机制应按集团总部和下属公司进行划分，以各自的价值创造点和风险控制点为界限，设计出分别针对战略层（集团总部）和执行层（下属企业）的内部审计运行机制。在双层级内部审计运行机制的基础上整合协调战略层与执行层的关系，明确工作界面，

第二章　相关理论研究

确保内部审计管理的优质高效和内部审计资源的优化配置。战略层(集团总部)内部审计运作特征为：围绕战略层内部审计创造的高价值和承担的高风险，侧重服务于未来价值的创造，强调战略审计，将内部审计控制关口前移至战略决策，突出集团公司审计部参与监督集团经营目标和预算制定的约束作用；在风险链条中，战略层内部审计的关键风险点在于战略决策，关注提升集团价值的内部审计战略管理，识别和防范战略决策性、系统性风险。执行层(下属公司)内部审计运作特征为：相对于战略层的高价值和高风险，执行层的内部审计工作更具备执行性、基础性特征，其增值作用体现在执行战略层的内部审计安排，运用"免疫系统"功能，识别和防范与具体作业相关的风险，确认与反馈战略执行情况，确保战略目标实现。

张竹林、郑石桥(2017)指出，对于任何一个大型组织来说，由于存在多层级的委托代理关系链，将内部审计置于这个链条的何种层级、哪些层级，这是内部审计制度建构的重要问题，不同的选择会影响内部审计主体的独立性、权威性，并影响不同层级的内部审计资源整合，最终会决定内部审计的效率和效果。在集团公司内，根据总部审计机构和下属单位审计机构的设置情况，可以分为四种类型：垂直管理/分散办公、垂直管理/集中办公、分级管理、双重管理。在垂直管理/分散办公组织体制下，集团总部统一设置内部审计机构，各下属公司不设置内部审计机构，但是，总部的这个内部审计机构并不是都在总部办公，而是有一部分作为派出机构，设置在总部所在地之外，并对该区域行使审计职能。垂直管理/集中办公组织体制下，总部统一设置内部审计机构,各下属单位不设置内部审计机构,并且所有的内部审计人员都集中在总部所在地,对于非总部所在地的内部单位,只是在审计时派出审计组,并不在这些区域设置派出机构。分级管理是集团公司和其控股或管理的分公司、子公司都设置内部审计机构,分公司、子公司审计部向本公司领导负责,集团内部审计机构对下一层级的内部审计机构没有直接领导权。双重管理组织体制同样是按内部组织层级在各个公司分别设置内部审计机构,但是,二级公司及二级以下子公司的审计部实行双重管理,由审计部所在的公司领导负责对审计部进行日常管理,由上一级公司的审计部实行业务管理。集团及分公司、子公司审计机构设置的四种类型见表2-2。

表2-2 集团及分、子公司审计机构设置的四种类型
(张竹林、郑石桥,2017)

审计组织体制类型	审计机构设置		内部审计领导者	
	总部审计机构	下属单位审计机构	总部审计机构	本层级领导
垂直管理/分散办公	总部设置,并按下属单位或区域设置派出机构	不设置	—	—
垂直管理/集中办公	总部设置,不按下属单位或区域设置派出机构	不设置	—	—

续表 2-2

审计组织体制类型	审计机构设置		内部审计领导者	
	总部审计机构	下属单位审计机构	总部审计机构	本层级领导
分级管理	设置	设置	不领导	领导
双重管理	设置	设置	领导	领导

内部审计领导体制决定了内部审计的组织地位，是内部审计独立性和权威性的制度基础，更是内部审计效率效果的制度基础。《审计署关于内部审计工作的规定》第六条规定，"国家机关、事业单位、社会团体等单位的内部审计机构或者履行内部审计职责的内设机构，应当在本单位党组织、主要负责人的直接领导下开展内部审计工作，向其负责并报告工作"。内部审计体制有五类：董事会领导的内部审计；监事会领导的内部审计；经理层领导的内部审计；董事会和 CEO 双重领导的内部审计；一些组织的内部审计与其他机构合署办公，一般由相关的副职领导。对于不同内部审计领导体制的利弊，有如下共识：内部审计的领导层级越高，越能保证审计机构的独立性和权威性；在多种内部审计领导体制中，向董事会和 CEO 双重报告是最佳模式（郑石桥，2017）。

梅丹（2018）认为，内部审计在组织架构中的不同设置方式代表内部审计的组织地位的高低，关系着内部审计资源是偏向为"董事会"服务还是为"管理层"服务的问题，进而导致被审计部门对内部审计的认同产生差异。这种差异主要包括两个方面，一是内部审计是"自己人"还是"外部人"的问题,二是内部审计带来的是好处还是威胁的问题。对内部审计的认同差异又可能会诱发组织内形式及内容各不同的冲突。

李波、翟云萱和霍小姣(2011)将内部审计在组织内的报告关系进一步区分为"职能报告关系"和"行政报告关系"。职能报告关系是报告日常审计活动的情况,包括内部审计风险评估、审计计划和内部审计报告等,是内部审计工作独立性和权力的根本保证;行政报告关系是指行政管理关系,主要包括预算制定与管理、机构内部政策与程序的管理等,保证内部审计日常活动的顺利进行,有助于协调内部审计的日常工作。为了更好地发挥内部审计的作用,内部审计在职能上应该向审计委员会报告、在行政上应该向总经理报告。

内部审计通过对财务收支、经济活动、内部控制、风险管理实施独立、客观的监督、评价和建议,以促进单位完善治理、实现目标和增加价值。独立性和权威性对于内部审计履行职责和发挥作用具有至关重要的作用。审计部设置必须考虑独立性和权威性。

一、独立性

陈武朝(2010)指出,独立性是评价内部审计有效性时的首要关注点。审计部的独立性可以从以下几个方面来评价:内部审计部门独立于其所审计的活动之外;内部审计部门的重大事项由审计委员会或董事会而非管理层决定;内部审计部门的权力、责任和义务由经过董事会批准的《内部审计章程》保证。

第二章 相关理论研究

与外部审计人员相比,内部审计独立性不可避免地要受到限制,主要体现在以下四个方面:第一,内部审计报告发现的问题,实质上是指出管理部门的错误,因此,管理部门很有可能以直接或间接的方式干预内部审计;第二,内部审计要充分地理解问题并推动问题得到整改,必须主动与管理部门协调好关系,如此一来,内部审计的独立性可能会受到损害;第三,由于处于同一个组织,内部审计人员与被审计单位的人员有千丝万缕的联系,这些联系最终可能损害独立性;第四,咨询服务需求的增加可能带来内部审计人员自我评估,从而对独立性产生负面影响(郑石桥,2017)。

梅丹(2018)也指出,当内部审计被同时赋予监督和咨询职能时,意味着内审既要帮助董事会(审计委员会)监督评价管理层的行为和业绩,履行治理责任,又要接受管理层的咨询任务,帮助管理层改进经营管理及内控,履行管理责任。这种多重受托责任下的内部审计常因无法满足董事会和管理层对自己的不同期望而陷入两难。

袁敏(2018)指出,内部审计的角色定位可以在两个维度上呈现:一是管理上,内部审计可以看作管理者"眼睛和手臂"的延伸,管理者看不到、管不到的地方,内部审计帮着看一看、管一管;二是治理上,作为"把权力关在笼子里"的监督机制,更好地实现制衡和牵制,通过独立评价来提升公司的内部治理水平,促进"依法"行权。要履行上述职责,需要内部审计保持"相对"的独立性,不受任何个人的不当干预。企业内部审计机构不宜由总会计师领导,也不宜附设于财务部门内,否则,势必失去审计监督职能,虽有内部审计机构,也形同虚设(沈克俭,1984)。

二、权威性

对于内部审计来说,仅仅注重独立性和客观性是不够的,而要在此基础上更进一步,重视审计结论和审计建议的采纳及相关的行动,重视发现问题的解决,也就是说,要重视内部审计的权威性。内部审计结论和建议的接受或采纳是内部审计实现价值的基础,也就是说,对于内部审计来说,权威性比独立性、客观性更重要。高质量的内部审计和高地位的审计机构设置可能增加审计权威性,进而增加内部审计效果(郑石桥,2017)。

内部审计工作是否权威,取决于其在组织中的地位高低。在英国,企业的内部审计部门一般归总经理领导,并受董事会及审计委员会的指导,权威性较高;法国的内审机构一般都独立设置,向董事会汇报工作,其他人员和部门难以干预,所以内部审计工作易于开展,审计结果也比较真实可靠;德国的内审机构隶属于董事长领导,内部审计还能够借用外部审计力量。中国的内部审计机构大部分归总经理管理,有的还归财务总监或总会计师管理。绝大多数的企业集团都没有审计委员会,有的企业监事会也形同虚设。即便部分国内企业学习西方国家经验,内部审计机构归董事长领导,但是执行中有偏差、不到位。这样的组织结构安排,使得大部分企业的内部审计机构在组织中的地位相对较低,内部审计的权威性较差。提高内部审计权威性,充分发挥内部审计效果,仍是今后中国内部审计工作的努力方向(辛士勇,2014)。

凌华兰(2012)指出,为使内部审计发挥更好更有效

第二章 相关理论研究

的作用,在审计部的设置上应该注意以下几点:首先,在机构设置时,要设置符合集团企业特点的内部审计机构,做到源于企业,扎根于企业。其次,在与领导的关系上,要保证集团企业内部审计和集团企业最高领导者之间能够畅通无阻地进行有效沟通,毫无障碍。最后,要加强内部审计的独立性和权威性。

第四节 审计部整合研究

内部审计部门持续改进应从两个方面着手:一是在企业风险管理中发挥积极作用,达到有效;二是改进审计职能,缩小内部审计服务对象的期望差距,真正起到价值增值作用。针对服务对象随着环境和企业发展变化而不断产生的需求改进审计职能,是内部审计持续改进的长远目标(陈武朝,2010)。张燕(2013)指出,改进集团公司内部审计管理模式的目的在于:服务于集团发展战略目标要求,解决好集团审计部与所属企业内部审计机构的协同管理关系;预防风险并引导审计技术创新向风险管理领域拓展延伸;利用集团公司快速发展的信息化平台,整合审计资源,优化人员结构,形成审计合力。审计部整合强调审计业务流程科学、合理,关注审计范围的延伸和扩展,并加强对集团公司风险管理、内部控制、价值增值等重要领域的内部审计监督、评价。改进后的内部审计管理模式通过服务集团公司发展战略、整合内部审计资源、统一审计项目计划管理与实施、规范内部审计流程与标准、加强内部审计成果转化与技术创新,解决好各板块企业、生产单位的协同管理关系,实现集团公司内部审计对经营管理的全覆盖。集团公司内部审计应采取集中管理为主、分级管理为辅的管理模式。

王继（2010）指出，随着公司的发展，内部审计机构应及时转变思路，调整工作重点。按部就班、墨守成规的内部审计工作是对审计资源的最大浪费。审计业务的拓展与延伸，不仅是审计业务类型的拓展，而且包括审计覆盖范围的延伸。具体来说，包括：①为管理层服务，开展内部控制流程审计和风险管理审计，为公司的有效风险管理打下坚实基础。②为公司生产经营服务，开展绩效审计和管理审计。③关注公司的运行效率以及投入产出效益，发挥审计职能，为公司创造更大价值。④充分发挥自身的优势资源，关注公司经营发展的重点、难点，有效突破开展管理审计的瓶颈，促进公司规范运作，科学管理。⑤为公司各个层面提供咨询建议。内部审计应充分利用对公司内控流程熟悉，具备管理、财务等相关业务知识的优势，主动为公司各方面提供咨询服务，并提出积极的参考建议。

审计部的组织并没有最佳方式，但无论采用何种方式，都应该得到高层管理者的支持和确认。审计部的建设面临不同的选择，但是其决定因素主要包括企业的业务性质、经营区域分布和物流状况、面临的风险和企业文化。内部审计部的一个关键因素就是领导者，审计部负责人必须理解组织的需要、潜在的控制风险、内部审计在组织能够发挥的作用。内部审计必须得到审计委员会和管理层的支持。有效的审计部能为组织提供最好的、成本效益最佳的审计服务（Moeller，2009）。

集团公司内部审计战略规划的制定与实施，有助于界定企业集团公司内部审计的发展方向和审计工作的主要领域，直接决定着内部审计的未来走向、主要工作内容、生存状态及其应当具有的基本功能。内部审计的战略规划可以从六个方面展开：一是内部审计制度规划，二是内部审计职能规划，三是内部审计组织规划，四是内部审计运行机制规划，五是内部审计人力资源规划，六是内部审计信息化建设规划（叶陈云、叶陈刚、张琪，2013）。

审计部整合也要考虑组织内部的冲突，针对如何化解冲突采取一定的措施。审计部置身于组织内部，其本质是监督，由此决定了其与被审计单位的冲突。能否解决好这类冲突，直接关系到内部审计能否发挥建设性的作用。例如，大亚湾核电运营管理有限责任公司化解冲突的实践具有一定的标杆意义。其审计部形成了以增强沟通为目标的"审计角色体验"制度、以培训为手段的"审计知识输出"制度。"审计角色体验"是一种独特的人才培养制度。它是由审计部从业务部门挑选一些具有专业背景的优秀人才进入审计部门，通过培训上岗后作为审计人员参与公司的审计项目。在审计过程中提供技术支持，经过两年的学习锻炼，再回到原来的部门工作。这种"角色体验制度"能够很好地解决"冲突的结构要素"中"任务的专门化程度"和"不同群体目标不一致"引发的冲突。"审计知识输出"能提高被审计部门人员的审计知识水平，增进被审计对象对审计工作的理解，降低审计与被审计双方间的知识壁垒，让被审计部门与员工更好地理解审计制度，让审计理念深入人心，进而有助于员工自觉遵守和严格执行各项内控制度。由于审计培训活动与审计角色体验制度的开展，被审单位能更加主动地配合审计工作的开展,并且能够与审计部一同站在完善公司制度的层面审视本部门管理中是否存在漏洞。在审计过程中,如果发现问题或者发生分歧,通过双方的反复沟通,被审计单位都会比较认同审计部的审计发现(王旭辉、时现、魏瑾,2011)。审计部在整合时,也可以考虑引入这些制度,从组织层面解决内部审计潜在的冲突。

康琪钰(2019)研究了集团内部审计的优化问题。在集团内部审计独立性弱、制度体系不健全、审计范围较窄、审计过程不规范、审计部设置不合理的情况下,审计部的优化应该以内部控制为主线,以企业增值为目的。一方面,理顺审计部门的运行机制,建立健全内部审计监督体系,转换内部审计职能定位,创造有利于内部审计工作有效开展的良好环境并提高管理者的重视程度;另一方面,合理地选择适应集团发展的内部审计模式,拓宽其内部审计的范围,并优化内部审计机构设置,全方位地提高审计队伍的综合素养,使集团可以在内部审计职能定位、组织构成、资源优化配置等方面不断地进行改进与创新,从而有效地发挥内部审计的职能作用。

第五节 小 结

内部审计的产生和发展应该与企业发展的阶段相适应,否则内部审计就不可能发挥最佳的价值。当集团公司的发展规模越来越大,高层管理者越来越觉得对下属单位的管控乏力时,就迫切需要内部审计来加强企业管控,因而也就更加重视内部审计。本章对内部审计与所属环境的适配性进行了

第二章 相关理论研究

综述,发现已有的研究主要是分析内部审计与内部环境的控制、治理两个方面的适配性。如李晓红(2008)提出,企业集团管控对内部审计的需求包括加强集团规范化发展、正确评价子公司内部控制的健全性和有效性、强化财务、管理监控等。有研究发现,在企业集团管控中,内部审计起到集团内部自下而上、自上而下的信息传递作用,起到加强集团总部对各控股子公司的监督控制作用,起到完善内部控制,降低经营风险,促进集团整体利益最大化的作用(郭巧玲,2013;吴清华、裘宗舜,2009)。也有研究分析了信息技术的影响(陈国珍、赵婧,2013)。

一般认为,审计资源是可以用于检查受托经济责任的社会资源,包括审计人员、审计技术、审计信息、审计财力、审计文化等所有能够被审计活动运用的资源(张庆龙,2006;陶航平,2006)。内部审计的开展需要耗费大量人力、财力和物力,在资源总体有限的情况下,通过统筹安排和合理使用来充分发挥各类资源的效率是提高审计成效的重要保障(乔翠云,2012;郭西,2007;李胜义,2009)。审计资源整合是实现审计目标的保证,可以从多方面和多个途径来进行。另外,也可以引入项目组合管理的方法帮助内部审计机构采用科学的、系统的方法对审计资源进行管理,确定项目的优先级别,然后对所需人力、财力、物力资源进行重新配置,实现组织内部资源的统一规划、统一部署、统一调动,提高审计资源利用效率和效果(李敏,2012)。

对于集团公司来说,资产规模大、成员公司多、经营范围广、管控风险大。由于存在多层级的委托代理关系链,将内部审计部置于这个链条的何种层级、哪些层级,这是内部审计部设置的重要问题,不同的选择会影响审计部的独立性、权威性,最终会决定内部审计的效率和效果。一些学者认为,内部审计的监督与咨询职能存在一定的冲突,可能会影响审计部职能的发挥(梅丹,2018)。也有一些学者考虑了集团公司和下属公司之间审计部设置的情况(吴清华、裘宗舜,2009;李涛、龚璇,2013;张竹林、郑石桥,2017)。

审计部的整合要以提升内部审计在组织中的价值为最终目标,服务于集团发展战略目标要求,解决好集团审计部与内外部各利益相关方的关系。审计部的整合旨在管控风险并吸纳先进的审计技术,不断提升审计能力;利用集团公司快速发展的信息化平台,整合审计资源,优化人员结构,形成审计合力。审计部的整合也要考虑内部审计的战略规划,持续优化。另外,审计部的整合也要充分考虑面临的冲突;由于内部审计不断执行的测试、评价程序会打断被审部门的日常工作,可能导致被审计对象不满;内审总是将发现的错误、低效或无效的管理问题报告给董事会或被审部门的上级,使被审部门害怕会对自身不利,因此审计部整合时要采用一定的制度和方法降低组织冲突(王旭辉、时现、魏瑾,2011)。康琪钰(2019)指出,在集团内部审计独立性弱、制度体系不健全、审计范围较窄、审计过程不规范、审计部设置不合理的情况下,审计部的优化应该以内部控制为主线,以企业增值为目的。

由于内部审计在公司出现的时间较短,研究的文献并不多。对于内部审计独立与整合方面的研究,特别是对集团内部审计整合的案例研究,更是缺乏。本书基于大型集团公司内部审计部门的独立与整合来展开研究,丰富了相关研究文献。

第三章
独立与整合前内部审计发展状况

A 集团公司成立于 20 世纪 50 年代初,经过 60 多年的发展,已经成为一家特大型国有独资公司,在国内具有较高的知名度。经营范围包括家电制造、金融、房地产、智能科技、贸易等。2018 年,集团收入超过 1500 亿元人民币,实现净利 100 亿元。截至 2018 年 12 月 31 日,资产规模超过千亿元,直接控股公司有 20 家,其中 3 家为上市公司;通过二级公司控股的三级公司及三级公司控股的分、子公司一共 600 多家。近几年,集团境外投资快速增长,境外投资规模达到 400 亿人民币。到 2018 年年底,员工总数达到 9 万人。

虽然 A 集团公司在 2007 年就成立了审计部,但是成立后的内部审计一直隶属于财务部,实质是财务部的一个组。之所以称为"审计部",完全是为了应对监管的要求。十多年以来,财务部部长的不断变更和审计部负责人的不断更换虽然影响了审计作用的发挥,但是内部审计服务于会计检查和监督这一定位却并没有发生改变,内部审计的主要工作是对二级公司管理层的经营绩效进行审计。当内部审计负责人比较强势,试图对采购、基建、技改、信息系统、营销开展审计时,就会遇到一定的阻力,即使发现了问题也难以推动问题的整改落实。可以说，内部审计的定位决定了内部审计的工作职责和工作范围，也最终限定了内部审计的作用。

从内部审计人员的工作情况来看，内部审计人员在从事集团审计岗位之前，都没有内部审计工作经验，只有财务工作经验或者会计师事务所工作经验。在审计过程中，规范性差，随意性大。审计工作底稿类似于审计查账笔记，仅记录发现的问题及其证据，有时候审计笔记直接作为审计报告使用。审计工作底稿缺乏审核，审计部领导只关心审计发现的问题。不仅审计工作制度和流程缺乏系统规范的建设和积累，内部审计人员流动也非常快。到2018年年底，集团审计部的6名员工中，3名员工当年才入职，而在A集团工作时间最长的也不过3年。另外，审计部没有采用审计软件，信息化程度低。

在A集团直接管理的20家二级公司中，3家上市公司都设有独立的审计部，审计部负责人参与上市公司中层干部会议，其中有两家公司审计部负责人向董事长报告工作，有一家公司审计部负责人向财务总监报告工作；17家非上市公司都没有单独设立审计部，只有7家公司在财务部下面设立了审计岗位，其中4个审计岗位还是财务人员兼职。

集团公司审计部与二级公司审计部或审计岗基本独立，上市公司审计部、非上市公司审计岗不向集团审计部报告工作，也不接受集团审计部指导。在集团审计部成立后的十多年里，集团审计部曾经尝试对二级公司的审计部或审计岗实施垂直管理，但并没有取得成功。原因也很明显，二级公司审计部人员或审计岗员工的工资发放和人事升迁都由二级公司决定，集团审计部没有任何决定权，不可能真正实施垂直管理。

为了全面完整地描述审计部独立与整合前集团内部审计的发展状况，本章从集团审计部职能、审计部机构与人员、审计计划、审计实施、审计报告、内部审计的生存环境和内部审计存在的问题等七个方面来展开论述。

第一节 集团审计部职能

一、集团审计部职能

A集团财务部由集团总经理直接领导，财务部设置了会计核算组、资产管理组、税务组、经营分析组、财务共享中心和审计部等六个组。其中，会计核算组负责制定集团会计政策、编制集团合并报表以及集团各公司会计业务指导；资产管理组主要负责国有资产管理，与国有资产监督管理委员会（简称"国资委"）派驻企业的监事联系，向政府统计部门报送报表；税务组负责集团的税务工作，并对下属单位的税务提供指导与监督；经营分析组负责集团及二级公司的经营计划、经营分析和经营考核，是财务部人数最多、领导最重视的组；财务共享中心主要是处理集团的账务、部分二级公司的费用报销业务[①]；审计部虽然称为部，但实质是财务部内部的一个组，负责集团的会计监督与检查。图3-1列

---

① 财务共享中心是部分公司、部分会计业务的共享，所有二级公司的销售业务、成本计算、税务、计提与摊销业务处理都不在共享中心。

出了 A 集团审计部在财务部中的位置。

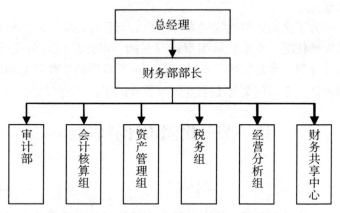

图 3-1　A 集团审计部在组织中的位置

A 集团公司直接控股 20 个二级公司。每年年初,集团人事部与这些二级公司的高管签订年薪合同,明确根据年度考核的经营业绩来确定高管人员当年的奖金。经营业绩的衡量指标是利润和收入,利润体现当年的盈利情况,收入体现当年的市场规模情况。经营指标评分框架及得分规则见表 3-1。

表 3-1　经营指标评分框架及得分规则

经营指标	考核权重	各单项指标得分 A	合计得分 S
收入	60%	A1 = 审定收入/合同确定收入	S1 = A1 × 60%
利润	40%	A2 = 审定利润/合同确定利润	S2 = A2 × 40%
合计	100%	—	S = S1 + S2

第三章 独立与整合前内部审计发展状况

为了真实地体现管理层的经营业绩,利润和收入要在经过注册会计师审计的财务报表的基础上进行调整。比如说,有明确证据表明客户公司不会支付货款或公司不再享有收款权利,且属于同一总经理任期内产生的应收款项,应作为考核利润调减项。又比如说,由于二级公司在自身生产经营活动之外执行了集团的一些指令而产生了损失,也不能算二级公司管理层的损失,在计算管理层业绩时应该调增利润。利润考核指标完成情况审定表如表3-2,收入考核指标完成情况审定表如表3-3。表3-2和表3-3的报表金额由被审计单位管理层根据财务报表的数据填列,申报金额由被审计单位管理层填列,调整金额由内部审计人员核定,根据申报金额和调整金额得到最终审定金额。

表3-2 利润考核指标完成情况审定表

项目	报表金额	申报金额	调整金额	审定金额
一、利润指标账面金额				
二、实际经营业绩数据调整合计				
(一)调增项目小计				
(二)调减项目小计				

续表 3-2

项目	报表金额	申报金额	调整金额	审定金额
三、年薪考核数据调整合计				
（一）调增项目小计				
（二）调减项目小计				
四、利润指标考核金额				
五、未调整事项说明				

表 3-3　收入考核指标完成情况审定表

项目	报表金额	申报金额	调整金额	审定金额
一、收入指标账面金额				
二、实际经营业绩数据调整合计				
（一）调增项目小计				
（二）调减项目小计				

续表 3-3

项目	报表金额	申报金额	调整金额	审定金额
三、年薪考核数据调整合计				
(一) 调增项目小计				
(二) 调减项目小计				
四、收入指标考核金额				
五、未调整事项说明				

主要调整事项说明:

1. 营业外收支:

(1) 无须支付的应付款:有明确证据证明对方不会催收或公司不需承担付款义务,且属于同一总经理任期内产生的应付款项,经集团副总经理及以上人员审批后可纳入考核利润。如已做账但未获批准的,调减当年利润。

(2) 无法收回的应收款:有明确证据证明对方不会支付或公司不再享有收款权利,且属于同一总经理任期内产生的应收款项,应作为考核利润调减项,经集团财务部领导及以上人员审批同意不纳入考核的除外。

(3) 其他损益:其他营业外收支均列入考核范围,不

做管理调整,经集团财务部领导及以上人员审批同意不纳入考核的除外。

2. 利得和损失:

(1) 被审计单位应该在制定年度经营计划时合理预计当期利得和损失,对于可以预计而未做计划或计划明显不合理的利得(如税收返还、政府补助等),原则上经营业绩考核不予确认。

(2) 由于以前年度未发生此项政府补助,经营计划制订过程中也无法充分估计,实际经营年度收到的政府补助,满足此条件下的政府补助无论经营计划有无列支,经营业绩考核时均予以确认。

3. 对于政府新开征的税费,因新开征的税费及税费政策变更属于各公司应该承担的现实负债和义务,应当按照实际发生数列支,在经营业绩审计中不剔除利润考核。

4. 经营业绩考核调整事项中涉及多家公司,在不超过总收益的前提下,以双方或者多方共同商定的原则进行确认分配。

5. 集团内部公司的账务列支方与实际承担方不一致时,经营业绩审计中需要被审计方提交双方的书面确认,并以此作为审计调整依据。

6. 品牌广告费:

(1) 集团分摊广告费按照集团整体品牌广告费计划完成率调整被审计单位考核利润。集团分摊广告费目标值为集团整体品牌广告费计划完成率乘以被审计单位计划分摊金额,若账面分摊广告费金额小于目标值,则按差额调减被审计单位利润,若账面分摊广告费金额大于目标值则不做调整。

（2）被审计单位自投品牌广告费按照计划费用率调整其考核利润。自投品牌广告费目标值为被审计单位审定收入金额乘以自投品牌广告费计划费用率，若账面自投品牌广告费金额小于目标值，则按差额调减被审计单位利润，若账面自投品牌广告费金额大于目标值则不做调整。

（3）被审计单位自身品牌投入的费用科目包括电视广告、户外广告、广告策划、广告制作、广告服务、发布会费用、新闻公关费、危机公关费。

（4）若被审计单位的经营计划在获得批准后，集团公司重新调整品牌投入计划金额的，审计以经领导最终批准的计划金额为标准调整考核利润。

7. 被审计单位发生的供应商贴息（现金折扣），无论此项财务费用是否列入经营计划，一律纳入利润考核。

8. 若被审计单位因整体划转导致业务范围在年度中发生变化，被审计单位必须及时与集团财务部沟通调整计划，明确计划调整的范围和纳入考核的范围。经营业绩审计以集团财务部的最终计划为准。

9. 被审计单位在年度经营过程中由于关停并转其子公司而产生了非正常损益，经营业绩审计口径应遵循新会计准则对合并范围的规定，同外部审计确认的口径保持一致。

高管薪酬主要依据收入和利润指标决定，高管管理指标、操纵业绩的动机必然十分强烈，以往的大量研究也证实了这点。为了核实高管业绩的真实性和准确性，集团财务部每年投入大量的时间和人力从事经营绩效审计。每年的1月

到 5 月，审计部的工作集中在经营绩效审计。在 A 集团公司，为了突出经营绩效审计的目的是确定高管年薪，集团管理层和审计人员直接把经营绩效审计叫作"年薪审计"。由于这 20 家二级公司的会计报表数据已经委托会计师事务所审计，审计部一般以外部审计师审定的财务数据为准，这样一来，内部审计的工作集中在审核管理层申报的调整项目和数据。

通常的做法是，内部审计人员根据管理层申报的调整项目和数据来收集审计证据。内部审计主要是检查调整项目和数据的真实性，很少关注调整项目和金额的完整性，如果被审计单位管理层不申报，内部审计人员则难以发现。另外，在审核调整项目和金额的过程中，内部审计不需要编制正式的工作底稿，而是仅仅把发现的问题记录下来，写个审计日志或者问题汇总表，并附上电子图片作为证据。对于没有发现问题的情况，不需要记录，只需要记录有问题的样本。当然，在检查调整项目和数据的时候，审计人员也会将审计过程中查阅凭证或询问过程中发现的管理问题记录下来。

从集团审计部实施年薪审计的实践看，内部审计工作规范性较差，并没有采用一套科学规范的审计程序和方法，导致内部审计工作的质量直接取决于现场审计人员的审计能力。年薪审计重点关注的是调整项目和金额的真实性，至于被审计单位高管是否隐瞒了调整项目，隐瞒了多少，内部审计人员一般很少关注。由此可见，年薪审计的局限性非常明显：一是审计范围太窄，虽然年薪审计过程中内部审计人员关注被审计对象的账务状况、经营情况、现金流量情况、管理与内部控制等方面，但内部审计只需要对收入、利润以及调整项目的真实性和准确性发表意见，内部审计也不特别关注调整项目的完整性；二是审计工作的规范性弱，内部审计人员对于没有发现异常或问题的审计程序不编制审计底稿，导致审计工作难以复核，复核人员难以判断是审计未发现问题还是根本就没有实施审计程序，在这种情况下，审计能够发现什么问题完全取决于审计人员的能力和职业道德；三是年薪审计耗费了大量的审计资源，整个审计部从1月到5月基本都在从事年薪审计。

除了年薪审计，A集团公司审计部还从事过零散的内部控制审计、采购审计，但是到了2017年财务部领导更换，审计部负责人离职，审计部在5月份完成年薪审计后，就开始从事资金管理、存货管理等方面的工作。另外，在2017年7月，由于二级公司财务人员发生变动，一时招不到合适人选，财务部部长就将一名内部审计人员借调到二级公司财务部从事会计工作，而这一借就是一年多。2018年6月后，根据集团管理层尽快清理积压存货的要求，审计人员在年薪审计后被安排到各仓库进行盘点，督促各经营公司尽快清理存放在仓库时间比较长的存货。2018年10月，某贸易公司违规开展供应链金融业务被集团发现。由于该贸易公司内部控制缺失、会计核算混乱，存货、应收账款、应付账款、收入、成本等科目核算严重失实。财务部部长派出多名审计人员参与清理存货、与往来方核实往来款项，由于该贸易公司从事的业务金额高达300多亿元，所以清理起来工作量很大，占用了审计部大量的资源。

值得一提的是，集团公司在2018年两次收到了下属公司舞弊和违反公司制度的举报，虽然审计部派出审计人员去调查,却并没有发现实质性的证据能够支持或否定举报。尽管集团审计部参与舞弊调查,但是舞弊调查的能力较弱。

2018年,集团审计部的工作主要有三项:一是年薪审计,二是盘点,三是对出现重大违规问题的贸易公司账目的梳理。从集团审计部的工作方式来看,审计工作难以复核,也没有复核,审计质量难以保证。年薪审计也可以理解为对被审计单位会计核算真实性、准确性的检查与监督,因此,A集团公司内部审计的主要职能是会计职能中的会计检查与监督。

二、二级单位上市公司审计部职能

A集团公司直接管理3家上市公司。这3家上市公司审计部的主要职能也是开展集团三级公司高管的年薪审计。因为这3家上市公司在全国每个省都至少设有一家分公司,每家上市公司约有40家分公司,另外,每家上市公司还控股多家子公司,因此仅开展对下属分公司和控股子公司的年薪审计,工作量就非常巨大。上市公司审计部年薪审计的做法与集团公司年薪审计的做法非常一致,也是由被审计单位管理层提供调整项目和调整金额,审计人员核实调整项目和金额的真实性和准确性。

上市公司审计部的另一项重要职责就是离任审计。因为分公司、子公司总经理众多且总经理经常发生变更,离任审计也是审计部的一项重要工作。离任审计的审计目的和范围是审计总经理任期内的经济责任落实情况,包括任职期间资产保值增值审计、经营业绩审计、经营合规性审计等,离任审计关注的重点还是财务活动的合规性以及财务数据的真实

第三章 独立与整合前内部审计发展状况

性和准确性。由于年薪审计要在 5 月份完成,要进行离任审计的公司很多,因此离任审计往往不能及时进行,有的离任审计要拖几个月才能实施,有的干脆与年薪审计一起进行。

上市公司每年都要对内部控制进行自我评价,并披露相关信息,审计部的工作职能也包括了内部控制评价。这 3 家上市公司内部控制评价的做法一致,评价步骤为:审计部制订好内部控制评价模板,然后发送给采购、营销、研发等职能部门的相关人员,指定时间期限,由职能部门相关人员在模板上填报,审计部然后回收并汇总内部控制评价模板。从内部控制评价的审计实施过程来看,审计部只是发送内部控制评价模板并收集和汇总,并没有实际进行现场测试。根据《企业内部控制评价指引》第十五条的规定,"内部控制评价工作组应当对被评价单位进行现场测试,综合运用个别访谈、调查问卷、专题讨论、穿行测试、实地查验、抽样和比较分析等方法,充分收集被评价单位内部控制设计和运行是否有效的证据,按照评价的具体内容,如实填写评价工作底稿,研究分析内部控制缺陷"。对照上市公司审计部的实际做法,审计部的内部控制评价工作并没有遵守规定。可以说,A 集团 3 家上市公司审计部开展的内部控制评价本质上是内部控制执行部门在评价自己,审计部也没有进行实质性的测试,内部控制评价流于形式,目的在于应付监管的要求。

除了年薪审计和离任审计,上市公司也会开展舞弊审计。因为舞弊审计往往是接到举报才展开,工作具有临时性和紧急性,所以往往由经验丰富的内部审计人员实施。

从上市公司审计部的设置和工作开展情况来看,3 家上市公司的审计部都已经独立,有两家上市公司审计部部长向董事长报告工作,另有一家上市公司审计部负责人向财务总监报告工作。审计部归谁领导也在很大程度上决定了内部审计的职能和职能发挥的大小。近两年来,归属于董事长领导的审计部所在的上市公司很少发生财务舞弊,而归属于财务总监领导的这家上市公司却发生了大规模的财务造假。尤其是在 2018 年曝光的收入提前确认问题,该上市公司的几乎所有的分公司都在 2017 年和 2018 年提前确认收入,虚增经营业绩。问题的发现是因为其中一家分公司的财务人员举报。虽然审计部每年都去审,但是该上市公司的审计部却一直没能发现这一问题。这也在一定程度上说明,内部审计归属于财务总监领导,其关注的重点在于财务数据,往往难以发现业务层面的舞弊,而管理层造假往往都会涉及业务层面,最终导致内部审计不能发现舞弊。

总的来看,上市公司审计部主要开展年薪审计、离任审计。从上市公司审计部组织内部控制评价的工作程序和方法看,内部控制评价并没有真正执行。另外,上市公司也零星开展舞弊审计。

三、二级单位非上市公司审计部职能

17 家二级单位非上市公司都没有设立审计部,只有 7 家公司设立了审计岗位,由财务部部长领导,其岗位职能根据管理需要由财务部部长决定。不像集团公司需要设立"审计部"以应对监管需求,财务部设置审计岗位是为了服务于公司的财务管理需要。具体来说,审计岗位的工作职能包括经营业绩审计、管理制度检查、税务检查、薪酬检查和

费用合规性审计。经营业绩审计主要是审阅下属公司账务真实、完整,核实下属公司的财务状况、经营成果、现金流入流出情况。管理制度检查主要是检查下属公司是否执行上级公司的管理制度和工作要求,包括货款检查、应收账款检查、预收账款检查、其他应收款检查、预付账款检查、存货检查、主营业务收入检查、促销品检查、销售返利检查等方面。税务检查主要检查下属公司税款的缴纳是否准确,发票管理是否符合规定。薪酬检查主要是检查员工薪酬的真实性和社保费的缴纳情况。费用检查包括两方面的检查:一是检查费用是否漏记、少记,二是费用支付的合理和规范性。

虽然这7家公司审计岗位的职能在不同的公司侧重点不太一样,但都是服务于会计检查与监督,目的是提高下属公司财务管理工作的质量。因此,非上市公司审计岗除了从事会计检查和监督外,还有责任对下属公司的财务人员进行会计指导,以帮助财务人员提高专业能力。

另外,当集团审计部、会计师事务所以及其他机构来公司审计时,非上市公司审计岗的主要职责就是配合审计,提供审计人员需要的资料,回答审计人员提出的问题。

四、小 结

通过对集团公司审计部、上市公司审计部、非上市公司审计岗的职能描述,可以看出,A集团公司及所属公司的审计职能主要是财务审计或者会计检查与监督,审计重点是核实经营数据的真实性和准确性,较少涉及内部控制和风险管理审计。表3-4列出了全集团审计的职能。

集团内部审计独立与整合

表 3-4 全集团审计职能

不同层级的审计部门	主要审计职能	非主要职能
集团审计部	年薪审计	会计检查和监督、财务管理、舞弊调查
上市公司审计部	年薪审计、离任审计	内部控制审计、舞弊审计
非上市公司审计岗	会计检查和监督,经营业绩审计、管理制度检查、税务检查、薪酬检查和费用合规性审计	会计辅导、配合事务所审计和集团内部审计

第二节 审计部机构与人员

一、机构设置

A集团公司直接管理20个二级公司,包括3家上市公司和17家非上市公司;间接管理的三级公司及以下分公司、子公司约600家,其中,设有审计部的公司有4家,包括集团总部以及3家上市公司。从机构设置的层级来看,集团审计部虽然叫"部",但并不是真正意义上的部,而是作为财务部的一个组存在,审计部部长由财务部部长领导,财务部部长是中层领导,但审计部部长不属于中层领导。3家上市公司都设置了独立的审计部,其中2家审计部向董事长报告工作,1家审计部向财务总监报告工作。17家非上市二级子公司都没有设置审计部,其中有7家设有审计岗位,归属于

第三章 独立与整合前内部审计发展状况

财务部管理。集团审计部与二级公司审计部或审计岗独立，二级公司审计部或审计岗不需要向集团审计部报告工作。A集团审计部设置情况见表3-5。

表3-5 A集团审计部设置情况

公司层级	数量	内部审计设置情况	上级单位或领导	审计人数	
				专职	兼职
集团公司	1	审计部	集团财务部	6	—
二级公司	3家上市公司	审计部	董事长/审计委员会、财务总监	17	—
	7家非上市公司	审计岗	二级公司财务部	11	4
	10家非上市公司	无审计岗位	—	—	—
三级公司及以下	分、子公司约600家	无审计岗位	—	—	—

从表3-5可以看到，A集团公司直接和间接管理的分公司、子公司数量众多，而设立审计部的公司才4家，直接向董事长报告工作的审计部2家，向财务部部长或财务总监报告工作的审计部2家。应该指出的是，审计部向财务总监报告工作的这家上市公司正是A集团公司发展壮大的前身，而集团公司董事长领导集团的时间超过30年。这也在一定程度上说明，董事长对内部审计不够重视。

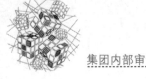

二、审计人员

从人数上看,截至 2018 年年底,全集团员工约 9 万人,其中审计人员总共有 38 人,审计人员占总人数的比例约为万分之四。在 38 名审计人员中,集团公司有 6 人,3 家上市公司的审计人员分别为 5 至 7 人,其他 7 家非上市公司的审计岗位人数分别为 1 至 3 人。

从审计人员的专业背景看,学习专业主要为会计、审计和财务管理。内部审计人员获得的专业资格,集中在会计和审计领域。因为 A 集团海外投资已经超过 400 亿元人民币,英语水平对国际审计非常重要。在这 38 人中,5 名审计人员具有留学背景,其中 1 人取得了 ACCA 资格。A 集团所有公司内部审计人员的情况见表 3-6。

第三章 独立与整合前内部审计发展状况

表3-6 内部审计人员情况表

序号	姓名	性别	年龄	所属公司	职位名称	专职/兼职	专业	学历	专业资格	工作年限	从事内审时间	英语水平
1	吕×	男	38	集团公司	审计部部长	专职	会计学	本科	高级会计师、注册会计师	15	7	六级
2	李××	女	41	集团公司	审计管理	专职	审计学	本科	高级会计师	18	5	四级
3	刘××	女	27	集团公司	审计管理	专职	技术经济	本科	会计师	3	1	六级
4	许×	男	26	集团公司	审计管理	专职	汉语言文学	大专	国际注册内部审计师	3	1	六级
5	袁××	女	30	集团公司	审计管理	专职	会计	本科	ACCA	6	2	海外留学
6	刘××	男	28	集团公司	审计管理	专职	会计学	大专	注册会计师	5	1	六级
7	付××	女	36	B 上市公司	审计部部长	专职	金融与经济学	硕士	经济师	12	3	海外留学
8	张××	女	32	B 上市公司	审计师	专职	会计电算化	专科	会计师	11	3	—
9	王××	男	29	B 上市公司	审计师	专职	会计学	本科	会计师、审计师	6	2	四级

续表 3-6

序号	姓名	性别	年龄	所属公司	职位名称	专职/兼职	专业	学历	专业资格	工作年限	从事内审时间	英语水平
10	刘××	女	45	B 上市公司	审计师	专职	财务管理	本科	会计师	22	3	四级
11	杜××	女	31	B 上市公司	审计师	专职	财务管理	硕士	无	6	1	海外留学
12	李××	女	28	B 上市公司	审计师	专职	会计学	大专	会计师	6	1	一
13	李××	男	24	B 上市公司	审计师	专职	会计	本科	无	1	1	四级
14	李××	女	47	C 上市公司	审计部副部长	专职	旅游管理	本科	审计师	24	10	四级
15	王××	女	38	C 上市公司	审计专责	专职	审计	本科	无	15	6	四级
16	张××	女	26	C 上市公司	审计专责	专职	会计	本科	无	3	1	四级
17	周××	男	26	C 上市公司	审计专责	专职	会计	硕士	无	1	1	海外留学
18	罗××	女	24	C 上市公司	审计专责	专职	财务管理	本科	无	1	1	六级

第三章 独立与整合前内部审计发展状况

续表 3-6

序号	姓名	性别	年龄	所属公司	职位名称	专职/兼职	专业	学历	专业资格	工作年限	从事内审时间	英语水平
19	王××	女	31	D上市公司	审计部副部长	专职	会计	本科	审计师	8	5	四级
20	马××	女	29	D上市公司	审计管理	专职	会计	大专	会计师	7	3	四级
21	冯××	男	26	D上市公司	审计管理	专职	财务管理	本科	—	3	3	四级
22	阎××	女	23	D上市公司	审计管理	专职	车辆工程	本科	—	1	1	四级
23	甘××	女	24	D上市公司	审计管理	专职	财政	本科	—	1	1	四级
24	叶××	女	27	D上市公司	审计管理	专职	金融	本科	经济师	4	1	四级
25	王×	男	32	非上市公司	审计管理	专职	会计学	大专	无	10	3	—
26	王××	男	26	非上市公司	审计管理	专职	会计	本科	审计师	4	1	四级
27	李×	女	30	非上市公司	审计管理	兼职	会计	硕士	经济师	5	1	六级
28	王×	女	47	非上市公司	审计管理	专职	财务管理	本科	无	24	2	四级
29	李××	男	37	非上市公司	审计管理	专职	会计学	本科	无	14	5	四级

续表 3-6

序号	姓名	性别	年龄	所属公司	职位名称	专职/兼职	专业	学历	专业资格	工作年限	从事内审时间	英语水平
30	马××	女	29	非上市公司	审计管理	专职	会计学	大专	无	7	1	四级
31	雷××	女	27	非上市公司	审计管理	兼职	财务管理	本科	会计师	4	—	四级
32	田×	女	28	非上市公司	审计管理	专职	审计学	大专	无	5	1	—
33	杨×	男	30	非上市公司	审计管理	专职	会计学	本科	无	7	—	四级
34	张××	女	39	非上市公司	审计管理	专职	经济学	本科	无	16	1	四级
35	刘××	女	49	非上市公司	审计管理	兼职	会计学	大专	无	27	—	—
36	唐××	女	51	非上市公司	审计管理	专职	财务管理	本科	会计师	28	2	—
37	唐××	女	27	非上市公司	审计管理	兼职	会计学	硕士	无	4	—	国外留学
38	刘×	女	28	非上市公司	审计管理	专职	会计电算化	本科	无	5	1	四级

图3-2显示了专职与兼职人员的比例。A集团公司所有从事内部审计的38人中,专职34人,占比89%;兼职4人,占比11%。

图3-2 专职、兼职人员比例

学历对于内部审计人员的逻辑思维能力和学习能力具有重要的参考意义。A集团公司人事部认为,学历高的员工自律性更强,因此A集团公司非常重视学历背景。在集团全部38名审计人员中,具有硕士研究生学历的5人,占比13%;本科学历的24人,占比63%;大专学历9人,占比24%。内部审计人员学历构成如图3-3所示。

从内部审计人员的专业资格看,38人中4人具有专业资格,其中2人具有注册会计师资格,1人具有ACCA资格,1人取得国际注册内部审计师资格。从职称上看,15人具有中级及以上的职称,其中高级会计师1人,中级会计师、中级审计师、中级经济师共14人,其中1人同时具备中级审计师和中级会计师,算作1人。没有资格也没有职称的内部审计人员19人,占全部审计人员的50%。进一步仅

图 3-3　内部审计人员学历构成

从审计专业的职称和资格看,4 人具有审计师职称,1 人具有国际注册内部审计师资格,2 人具有注册会计师资格,1 人具有 ACCA 资格,合计 8 人具有审计方面的职称和资格,占比 21%;另外 30 人不具有审计方面的职称和资格,占比 79%。

从内部审计人员从事内部审计的工作年限来看,从事内部审计工作 1 年以内的 4 人,占比 10%;1～3 年的 22 人,占比 58%;3～5 年的 6 人,占比 16%;从事内部审计工作 5 年以上的 6 人,占比 16%。在计算内部审计工作年限的时候,只计算在企业专职从事内部审计的时间,兼职的审计人员如果之前没有从事过专职的内部审计工作,之前的兼职内部审计工作不算作内部审计经历;会计师事务所的外部审计经历也不能算作内部审计经历。内部审计人员从事内部审计的工作经历情况见图 3-4。

从内部审计人员的年龄结构来看,25 岁及以下的 4 人,26 岁到 30 岁的 19 人。30 岁及以下的人员达到 23 人,占总人数的 61%。31 岁到 35 岁 4 人,36 岁到 40 岁 5 人。40 岁及以下 32 人,占总人数的 84%;40 岁以上的内部审计人员

第三章 独立与整合前内部审计发展状况

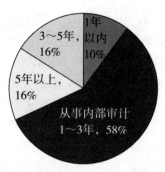

图3-4 内部审计人员工作经历情况

6人，占比16%，其中51岁及以上的仅1人。由图3-5可见，集团审计人员较为年轻。

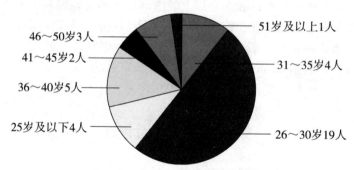

图3-5 内部审计人员年龄结构

三、小　结

A集团公司资产规模和收入规模都超过千亿，境外投资规模超过400亿元人民币，在多个国家都有经营机构，直接和间接控制约600家分公司、子公司，而设立内部审计机构

集团内部审计独立与整合

的公司只有4家。到2018年年底，集团员工达到9万人，而内部审计人员只有38人，其中专职审计人员34人。从这两组数据来看，设置内部审计的公司较少，内部审计人员也较少。这在一定程度上说明了A集团公司内部审计的资源比较匮乏。

从内部审计的人员构成情况来看，89%的内部审计为专职，11%的内部审计由财务人员兼职。具有硕士研究生学历的5人，占比13%。8人具有审计方面的职称和资格，占比21%。从事内部审计工作3~5年的6人，占比16%；从事内部审计工作5年以上的6人，占比16%。一般来说，3年以上才可以称得上对内部审计有一定的经验，能够负责一些项目的审计工作；有5年以上的内部审计的实践经验才可以处理较复杂的工作，能够胜任多项审计任务，这也是担任审计部负责人的一般条件。从年龄上看，40岁及以下32人，占总人数的84%；40岁以上的内部审计人员6人，占比16%。可见，集团审计人员较为年轻。

第三节 审计计划

对于集团公司审计部来说，从2007年成立到现在，每年的1月到5月都是固定地从事年薪审计。在执行年薪审计前，审计部负责人会制订年薪审计计划，安排对二级公司进行审计的预计时间和参加审计人员。审计计划由审计部负责人制订后执行，无需财务部部长审批。审计计划的调整也比较简单，在确保5月底完成对所有二级公司的年薪审计并提交报告的情况下，审计部负责人可以自行调整审计时间和审计人员。年薪审计完成后,审计部的工作一般由财务部部长来安排,因此审计部并没有制订年度审计计划。从某种意义上来说,审计部成为财务部部长管理财务工作的后备和补充力量。当二级公司急需财务人员时,审计人员会被借调到二级公司从事财务会计工作;当集团领导要求财务部进行资金检查时,审计人员就被安排去从事资金检查。

对于上市公司的审计部来说,因为审计部已经独立,并且年薪审计和离任审计工作任务重,人员少,所以审计部很少参与财务管理。在年初时,审计部部长会制订年度审计计划,报董事长或财务总监批准。审计计划的编制主要是对年薪审计和离任审计进行安排。因为每家上市公司都有约40家分公司和多家控股子公司,审计任务重,所以年薪审计和离任审计的具体审计时间和参与人员在年初确定的难度比较大,审计计划只能粗略规划有多少家公司要进行年薪审计,大约有多少家公司要进行离任审计以及任务应该在何时完成。

对于非上市公司的审计岗位,他们的常规工作就是会计检查和监督,有的审计岗位也会对被审计对象进行会计辅导。在年初时,审计部也会计划年度的会计检查重点,以及要检查哪些公司。这些计划只需经过财务部部长批准,并且在实际进行会计检查和监督时,可以灵活进行调整,因而审计计划的作用较为有限。

总的来说,集团公司及所属公司审计计划的制订程序不太规范,对于集团公司审计部,审计部负责人仅就年薪审计制订审计计划,且不需要任何审批。对于上市公司审计部,审计部部长只是对年薪审计和离任审计进行粗略安排,不能细化到审计项目、审计时间安排和审计人员，且仅需董事长或财务总监批准。对于非上市公司审计岗，审计计划只是会计检查和监督的初步计划。另外，在实际实施审计时，经领导批准，审计计划可以随时进行调整。

第四节　审计实施

一、下发审计通知书

集团审计部一般在实施审计三日前，向被审计单位送达审计通知书。对于舞弊审计、现金审计等特殊审计业务，在实施审计时现场送达。在下发审计通知书之前，审计项目负责人都会与被审计单位的财务部进行沟通，了解对方的时间安排。当被审计单位因为会议、出差等没有时间安排审计时，审计人员一般会另行约定时间。审计通知书采用电子邮件的形式送达被审计单位及内部相关部门、相关责任人。

二、审计进场沟通会

A集团公司审计部到二级公司进行审计，审计进场时往往只有被审计单位财务人员接待并介绍情况，财务人员主要介绍财务工作开展情况，很少提及业务情况。由于被审计单位总经理和业务人员都不太重视内部审计，审计人员与财务人员的交流就替代了审计项目的进场沟通会。在审计人员与财务人员简单交流后，审计人员一般就被安排在一个会议室，由被审计单位财务人员提供登录账务系统的账号和密码后，审计人员就可以开始查询和审计会计账务系统了。而上市公司的审计人员对三级单位开展审计时,情况会略有不同,因为三级公司更加重视内部审计,总经理也更重视审计。在审计人员到达现场前,审计项目负责人会与总经理沟通,确定进场会的时间和参与人员;审计人员到了现场后,审计组会与被审计单位召开沟通会,被审计单位的总经理、财务总监、公司中层及相关人员参会。在进场会上,审计人员将介绍本次审计的背景、目的、范围、时间和人员安排,被审计单位将介绍公司的组织架构、人员岗位和职责、业务开展情况,并提供各个业务模块审计对接人员名单。审计小组负责人在会上还会要求被审计单位的参会人员承诺提供真实、准确的信息,并在承诺书上签字。

三、审计工作实施

集团公司审计部主要是审计二级公司收入、利润这两个经营指标的真实性和准确性。为了体现二级公司管理层真实的经营业绩,收入、利润指标要在财务报表的数据上进行调整,比如因为集团投资战略的需要导致二级公司发生投资损失的,应该调增利润。因为会计报表数据已经会计师事务所审计,审计部的重点在于核实调整项目和调整数据的真实性和准确性。审计人员在做年薪审计时,一般要求被审计单位提供调整依据,因此审计人员的主要工作是审核调整依据与调整项目、金额的一致性。但是,这种审计方法有很大的缺陷:当被审计单位没有完整提供调整项目和金额时,审计人员一般难以发现。在执行年薪审计确定调整项目和金额的时候,审计人员也会审阅其他会计科目,但是这种审阅却没有采用一套审计流程和方法,而是采用了审计笔记的形式,只需记录发现的问题和证据,审计工作难以复核,审计质量难以保证。这种采用审计笔记来作为审计工作底稿的审计方式具有很大的审计随意性,难以确保审计质量。

虽然集团公司审计部较少开展离任审计,上市公司却需要开展离任审计。在实施离任审计时,主要是审计经营指标的完成情况,查阅大额支出的合理性和规范性。因此,离任审计以财务审计为主,特别关注财务收支的规范性。上市公司审计部开展内部控制评价的工作流程是:审计部编制和发放内部控制评价模板,相关内部控制执行单位填写模块,审计人员收集和汇总内部控制评价模板。内部控制评价在三家上市公司都是采用同样的做法,内部审计人员不深入现场开展调查和测试,仅仅是收集、汇总相关部门填写的表格,由内部控制执行单位评价自身的工作,这就难以发现控制缺陷,评价工作流于形式。

在实施审计过程中,内部审计人员没有采用审计专业软件和审计信息系统,审计工作主要依赖一般的办公软件,主要是涉及文档的编辑、数据的处理和图像的处理。对于集团审计部来说,因为审计实施过程采用的是审计笔记的形式,因而对审计信息化的需求并不大。但对于二级公司而言,由于审计项目很多,采用信息化无疑可以提高效率,因而二级公司审计部对审计信息化已经有了一定的需求。

第五节　审计报告

审计报告是内部审计的产成品,审计报告的内容直接体现了关键使用者的需求,审计报告的质量直接反映了审计能

第三章 独立与整合前内部审计发展状况

力的高低。在现场审计工作结束时，内部审计人员都会与被审计单位进行沟通，目的在于提高审计结果的客观性、公正性。在与被审计单位领导及相关责任人的交流中，内部审计人员争取对方的理解和支持，以确保审计结论、审计意见和审计建议能够得到认可和落实。A集团公司在现场审计工作结束时，也会与被审计单位进行简单的沟通，主要目的在于确认调整数据，确认审计中发现的问题。由于A集团公司的审计工作在风险管理和内部控制方面的投入很少，因此审计沟通主要涉及财务问题，很少会延伸到业务方面的问题。

A集团公司审计部出具的年薪审计报告主要涉及经营指标的调整，主要包括两个方面：一是年薪指标完成情况，二是实际经营业绩审计调整事项。另外，审计报告也会将审计过程中发现的问题列示出来。年薪审计报告一般分为单个公司年薪审计报告和汇总年薪审计报告。单个公司年薪审计报告经财务部部长批准后直接发送被审计单位；汇总年薪审计报告是把集团所有二级公司的年薪指标完成情况进行汇总后形成审计报告，经财务部部长审核后，再提交集团人力资源部以发放奖金。

三家上市公司审计部出具年薪审计报告的格式和方法与集团公司审计部一致。对于离任审计，集团审计部很少开展，上市公司审计部出具的审计报告一般包括管理层任职期间经营业绩完成情况、资产保值增值情况、执行集团政策和制度情况等。

集团公司审计报告的编制主要是追求实用性，不太关注完整性和严密性。集团公司及上市公司的审计工作底稿编制不太规范和严谨，审计底稿类似于审计笔记，仅仅记录发现的问题和证据;为了节省时间和展示证据,有时审计工作底稿直接作为审计报告使用。应该指出,虽然集团公司与三家上市公司的审计部相互独立,集团审计部也无权对上市公司审计部进行管理,但审计部负责人常常一起交流、相互学习,最终形成了一致的做法。

从审计报告产生的实际后果来看,由于审计报告没有列出被审计单位领导及相关责任人的回应,也没有列出针对发现的问题和缺陷的具体整改计划,更没有列出审计人员后续审计的时间安排,导致审计报告发现的问题整改情况差。

第六节 内部审计的生存环境

内部审计的生存环境主要包括集团公司的文化、管理制度与集团领导层及员工对内部审计的态度。

一、集团公司文化

A集团公司强调诚信经营,诚信也是集团经营的核心价值观。诚信,包括诚实和守信。从新员工入职开始,集团就要求员工对公司和顾客诚实,对公司和顾客不做虚假的承诺。对管理层和财务部的诚信要求就是数字真实、不做假账。近20多年来,在每年公司召开的年度经营大会上,集团公司总经理都要做年度诚信经营报告,总结过去一年公司诚信经营的情况。公司对发现的不诚信行为,都要进行严肃处理。

诚信的文化影响着公司管理层和员工的行为。在向上级报告时,要求做到实事求是,真实反映经营情况。在与顾客接触时，不做无法实现的承诺。如果员工的行为只受诚信一个因素影响的话，那内部审计就没有存在的必要了。从一定意义上说，诚信的文化可以替代内部审计。然而，在实际经营过程中，管理层和员工受到的压力和影响因素是很多的。

当 2018 年发现几起舞弊和管理问题后，有一名在集团工作 30 多年的老员工感叹，"人心变了"。这种感叹也在一定程度上说明，由于公司所处的经营环境竞争越来越激烈，给管理层施加的压力也越来越大，因此，理性的管理层对诚信给自己带来的利益考量发生了变化，从而做出不诚信的、但是对自己有利的行为。

二、管理制度

A 集团公司经过 60 多年的发展，制定的管理制度基本上涵盖了生产经营管理的各个方面，比较完备。对于新拓展的业务，集团采用优先发展的方式，如果业务能够盈利且后续要继续开展则考虑制订制度。由于 A 集团公司下属的公司和部门在不断重组和变化，已经制定的制度有很多需要修订的地方。然而，限于人力和时间，制度的制订部门并没有及时进行调整。另外，由于 A 集团公司所处的行业竞争激烈、市场变化很快，需要快速响应，因此，在这种情况下，市场行为优先于制度，这也导致了有制度不执行的情况。

三、高层领导的态度

高层领导对内部审计的重视程度直接决定了审计部可以支配的资源和被审计单位对内部审计的配合和支持程度，因此，高层领导对审计部的重视程度直接决定了审计部发挥作用的大小。A 集团公司的管理层对内部审计的现状非常清楚，也知道国资委对内部审计的要求，这也正是财务部下设一个被称为"审计部"的组的原因；但在高层领导的内心，他们并不认为内部审计很重要，尤其是在集团高速发展、投资规模越来越大的情况下，集团领导并不认为内部审计能发挥什么作用。人力资源部的领导曾直言不讳地讲道，虽然上级监管部门要求集团公司设立独立的审计部，监事会每年也都在提内部审计的独立性问题，但是高管们从来就没有真正重视过内部审计。然而，随着近年来接连发生的舞弊、财务造假、市场串货等问题的曝光，尤其是某二级贸易公司违规开展供应链金融业务，导致集团损失 1 亿美元以上，集团领导对于保护国有资产的压力剧增，对内部审计的态度也开始改变。

在 2018 年的年度经营大会上，集团负责海外市场的副总经理就指出，海外公司在研发设计环节的制度流程设计上出现了问题，要求审计部参与研发环节制度流程的建设，健全研发制度和流程。事情的起因是 2018 年 9 月在欧洲市场发生的一起严重质量事故，顾客购买了电视机，回家播放时发现电视机竟然没有声音。球迷正在看球赛，却听不到声音！顾客的恼怒是可以想象的。没有声音的原因竟然是研发测试时漏了一项检测。因为研发测试时的疏忽，导致一批电视机都没有声音，欧洲市场的这次技术故障给公司造成了重大的不利影响。

2018 年，A 集团下属某子公司设在全国各地的分公司普遍出现了提前确认收入的情况，有家子公司发现少预提了大额的仓储费用，还有一个子公司也发生了下属一些分公司的经理层与经销商合谋串货、谋取私利的事件。更为严重的是，A集团下属的某贸易公司违规开展供应链金融业务，导致集团损失至少1亿美元。种种问题和舞弊事例发生后，集团高管开始追究责任，对提前确认收入金额在1亿元以上的总经理、参与串货舞弊的总经理一律免职，仅2018年就有十多名总经理出于上述原因而被免职或者降职。与此同时，集团领导也深深惋惜，感叹集团培养一名干部不容易。集团某副总经理曾感叹：人心变了！为什么？以前没有这样的事。客观地讲，以前可能有，只是没有发现；以前也可能真没有，因为以前市场竞争不像现在这么激烈。当市场竞争激烈时，作为经营责任主体的负责人面临的压力就会大很多，对收益和成本的预期也改变了，也更可能与外部市场经营主体合谋来侵吞公司利益。这也在一定程度上说明，在市场竞争变得更加激烈的情况下，内部审计更加重要。

集团领导对内部审计态度的转变来自两个方面：一是经营业务发展的自发主动需要；二是经营管理上发现舞弊和重大管理问题或发生重大损失后被动需要内部审计。从A集团公司高层领导的态度转变来看，正是因为发现了舞弊和重大管理问题或发生了重大损失才开始重视内部审计。这也在一定程度上说明，没有经历过舞弊、重大管理问题或损失的高层领导难以真正认可内部审计的价值。虽然公司高管也意识到内部审计的重要作用，但是他们心存侥幸，认为舞弊或违规不会出现在自己的公司而问题或损失的发生又恰恰击碎了他们的侥幸心理。

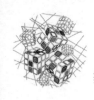

四、二级公司管理层的态度

二级公司管理层对内部审计的态度深受集团高层领导的影响。当集团领导认为内部审计的作用只是看看账的时候，二级公司管理层也对内部审计不重视；在集团领导开始重视内部审计时，他们也认为内部审计很重要。从对内部审计的需求来看，一方面，他们不希望被审计，因为担心被集团审计发现问题，自己的工作能力可能受到质疑；另一方面，他们又希望内部审计能够帮助他们发现问题，提升管理水平。很多二级公司管理层都希望审计部能参与到对三级公司的审计中来，以帮助发现问题、提出建议，改善对下属公司的经营管控。由此可见，二级分公司管理层希望审计部能在二级公司层面发挥咨询作用，并在三级公司层面发挥监督作用。

在二级公司董事长或者总经理交接时，一些董事长或总经理也希望内部审计能实施离任审计，以鉴证离任时的财务状况、经营成果。因为集团经常会发生一些公司整合，整合后的公司管理层接手一段时间才发现整合前存在的财务问题，因此特别希望审计部介入，重新审定整合前的数据，以更好地衡量自己任期的经营业绩。除了二级公司的董事长或总经理有鉴证其任期开始或结束时的经营业绩的需要，二级公司财务部也需要内部审计来解决他们面临的问题，尤其是在现任财务部部长对上一任部长的财务处理存在质疑时。另外，二级公司管理层也担心管理失控，主动要求审计部对采购、基建、技改进行审计，以减少管理层对管理失控的担心。由此可见，二级公司管理层对内部审计具有自发的审计需求。

当然，也有二级公司管理层对内部审计的作用持消极态度，不愿意配合内部审计的工作。他们认为，内部审计是来挑他们工作上的错误的，因而在心理上产生了抵触。在内部审计能力较弱时，他们打心里高兴，他们希望内部审计一直弱下去，最好能够撤销内部审计机构。然而，在集团领导开始重视内部审计后，他们的态度也开始转变。

总的来说，二级公司管理层需要内部审计能够真正帮到他们，这种帮助主要体现在两个方面：一是帮助他们规避责任；二是帮助他们发现管理问题，提供管理建议。

五、员工的态度

在政府部门的大力推动下，内部审计获得了快速发展，社会上对内部审计的认知也大大增强，员工对内部审计有了更多的了解。在 A 集团公司 2018 年年度经营大会上，集团领导明确指出，2019 年集团要强化审计力量，并将提升审计能力作为集团的十件经营管理大事之一。高层领导的定调无疑对员工的态度有重要的影响，员工对内部审计应该会更重视和愿意提供支持。

然而，在集团审计部向各公司和各部门发出内部招聘广告招聘各方面的业务骨干时，却并没有员工愿意调到审计部，这可能是因为员工还是倾向于认为，审计部干的是得罪人的活。然而，真正应该引起内部审计关注的是，在内部审计人员执行审计的时候，员工是否愿意提供支持和配合。

第七节　内部审计存在的问题

一、集团内部审计没有独立

集团审计部虽然叫作"部",但实际上只是财务部的一个组,没有真正独立,权威性非常弱,这应该是集团公司内部审计最尴尬的地方。这种尴尬体现在:一是审计部的职能被当作财务部职能的一部分,另外,审计部的审计方案要先经过财务部批准,审计重点放在财务上;二是被审计单位对内部审计不太重视,常见的审计情形就是,审计部到被审计单位,被审计单位先提供一间办公室,与被审计单位的财务部部长见面后,审计人员基本就是自己坐在办公室看电子账,只是有疑问的时候才去问财务人员,整个审计过程以看账和被审计单位财务人员解释为主,很少涉及现场观察、询问业务人员等环节。审计人员静静地来,悄悄地走。这种以查账为主的工作方式也决定了审计难以发挥作用,反过来又导致审计工作得不到重视。曾有一任审计部负责人,为了引起被审计单位的重视,自己带了一个红条幅,挂在被审计单位的门口:"欢迎集团审计部指导!"

另外,由于集团内部审计也参与财务管理工作,审计人员也可能被借调到二级公司从事财务工作,这也导致内部审计人员审计自己从事过的财务工作,导致审计缺乏独立性。

集团内部审计没有独立,权威性不够,影响审计作用的发挥。即使是审计部负责人比较强势,想有所做为,也因为不能取得被审计单位的支持和配合而难以发挥作用。

二、审计队伍能力严重不足

一是体现在审计队伍财务化。之所以称为"审计部",完全是为了应付监管的需要,审计部实为财务部的一个组。集团审计的工作思路和方法仍然是以财务审计为主,而 A 集团公司及所属公司财务审计每年都由会计师事务所审计,因此内部审计的工作与外部审计具有很大的重复性。另外,由于集团审计部归属财务部部长领导,财务部部长可以将内部审计作为财务管理工作的后备力量,导致内部审计工作财务化。

二是体现在审计计划上。集团公司缺乏年度审计计划,审计项目主要依赖于领导的需要、财务部部长的安排。从二级公司审计计划的制订情况来看,审计计划也比较粗放,没有列出具体的审计项目、计划时间和参与人员。除了计划的制订程序不太规范,在实际审计工作中,审计计划也可以随意发生调整。

三是体现在审计实施上。集团公司内部审计工作的重点领域主要集中在传统的财务审计、经济责任审计和财务收支审计等方面,并未采用系统的方法对内部公司治理、内部控制体系和风险管理进行审计。审计实施过程中,并没有采用规范的审计工作底稿,而是采用审计笔记的形式,仅记录发现的问题,导致审计工作难以复核,审计质量难以保证。

四是体现在审计报告上。审计报告的使用者主要为财务部部长以及人事部和被审计单位管理层,集团领导基本不看审计报告。审计报告也往往只列出发现的问题,并没有管理层的整改计划。

五是体现在审计信息化上。集团审计部和二级公司审计部都没有采用审计软件,也没有采用审计信息系统。审计工作依赖于一般的办公软件,主要涉及文档编辑、数据处理、图像处理。在审计项目众多的情况下,审计未能信息化无疑会影响审计工作的效率和效果。

三、审计部不能满足集团发展的需要

A集团有600多家公司(含分公司、子公司),但设立审计部的公司只有4家。集团设立了审计部,但没有独立,隶属于财务部。20家二级公司中,3家上市公司设立了独立的审计部,其中2家上市公司的审计部部长向董事长报告,1家的审计部部长向财务总监报告工作;其他17家非上市二级公司都没有设置审计部。许多三级以下公司多年没有进行内部审计,审计覆盖率低,集团经营监管存在真空。近年来,A集团公司快速发展,境外投资规模不断扩大,审计部已经不能满足集团发展的需要。

一是内部审计不能满足集团战略发展的需要。A集团公司近年来不断扩大海外投资,通过并购海外公司来发展海外市场,另外,集团还不断在境外建立工厂、建立渠道,这些都对内部审计提出了更高的要求。但由于目前集团内部审计的力量非常弱,审计人员数量少,内部审计未能满足集团发展的需要。

二是内部审计不能满足集团公司经营管理的需要。由于集团股权结构复杂,直接和间接控股的公司数量众多,而集团及所属公司很少对四级公司及四级以下公司进行审计,导致出现了监控的真空。近年来,集团境外投资业务发展迅

速，内部审计还没有人力和时间参与到对境外投资的审计中。另外，很多公司管理层调动很长一段时间后都没有开展离任审计，离任审计缺乏时效性。

三是内部审计难以满足集团领导缓解压力的需要。虽然集团领导更关注如何发展集团业务、如何将集团做大做强，一直以来并不重视内部审计，但是，在 2018 年发现大面积的分公司提前确认收入、二级贸易公司违规从事业务给集团带来巨额损失后，集团领导面临巨大的压力，他们不得不重视内部审计。在 2018 年年底，集团领导明确要求审计部在提高会计核算准确性、加强集团管控和风险防范方面发挥重要的作用。但目前集团审计主要以财务审计为主，很少涉及风险管理和内部控制方面的审计，审计队伍能力弱，信息化程度差，难以满足集团领导的要求。

四、小　　结

虽然 A 集团公司在 2007 年就设立了内部审计机构，但是审计部一直隶属于财务部，实质是审计部的一个组；之所以称为"审计部"，完全是为了应对监管的要求。其主要职责集中在对二级公司高管的经营绩效进行审计，因为这个经营绩效审计的目的主要在于核实管理层的业绩以便发放年薪，因此，A 集团的审计工作中，也把该项审计称为年薪审计。针对管理层的年薪审计占据了整个审计部工作量的很大一部分。除了财务审计工作，审计人员还经常被临时安排从事资金检查、存货盘点等工作或者借调到二级公司从事财务工作。可以说，集团内部审计边缘化现象非常严重，以至于集团公司形成了一种共识——内部审计可有可无。具体来看，一是体现在审计人员数量少，集团公司审计人员才6人，且3名员工从事内部审计的时间不到1年，难以独立担任审计工作；二是财务部部长经常安排内审人员从事财务管理方面的工作，导致内部审计工作财务化。

从二级公司的审计现状来看，3家上市公司都设有审计部。审计部的工作以年薪审计和离任审计为主，开展的内部控制评价则流于形式。17家非上市二级公司都没有设立审计部，其中有7个公司在财务部下设有审计岗，从事的工作主要是会计检查和财务辅导。

内部审计独立性弱，权威性不足，审计力量弱，不能满足集团发展对风险管控的需要。集团内部审计已经处于可有可无的状态，边缘化程度严重。普华永道会计师事务所在2005年发布的一份报告中给出了内部审计无效的典型例子，包括：不能独立于管理层；审计范围受到限制；在信息技术、资金管理等关键风险领域缺乏技术能力或经验；内部审计仅被当作交易活动层面的"控制职能"，而不是作为对风险进行评估和对那些用于进行风险管理的控制机制进行测试检验的监督职能。该报告认为，当出现上述任何一种情形，内部审计即被认定为无效。按照这个标准，A集团公司及所属公司的内部审计无疑是失效的。

总之，A集团公司及其下属公司内部审计的主要职责还是以账项为基础开展年薪审计和离任审计，较少开展内部控制审计、风险管理审计。由于A集团公司及所属公司每年都要接受会计师事务所对会计报告的审计，因而内部审计工作具有较大的重复性，价值比较小。

第四章
独立与整合方案

  最近几年，A集团公司开始扩大境外投资，先后收购了两家境外大型家电公司，投资规模已经超过400亿元人民币，在美国、欧洲、澳大利亚、俄罗斯、日本等地都设有分支机构，还在墨西哥开始建设工厂。在国内，除了房地产、金融、教育等板块的赢利能力不错，集团的传统业务都面临激烈的市场竞争，赢利能力大幅下降，被迫开始降本增效、提质增效。与此同时，集团公司经营管理的弊端也逐渐显露出来。2018年以来，A集团多次出现二级公司、三级公司因财务报表造假、管理层舞弊、内控失效导致损失巨大等问题，一家二级贸易公司因为违规开展供应链金融业务，给集团造成的损失就高达1亿美元。尤其是2018年下半年以来，公司因经营压力大，三级公司业绩造假、与代理商和经营商合谋损害集团利益等情况越来越多。

  集团暴露的管理问题、舞弊问题以及造成的损失，给集团领导造成了很大的压力，集团领导不得不开始重视内部审计，提升内部审计在集团风险管理、内部控制和财务信息真实准确方面的作用。特别是在这些问题或舞弊事件发生前，监事会已经指出，集团应该将审计部独立出来，强化审计作用。但是，集团领导还是没有充分重视内部审计在风险管控和改善治理方面的作用，2018 年发现的管理问题和舞弊事例使得集团领导不仅面临国有资产保护不力的压力，还面临被监事会批评的压力。在巨大的压力下，集团领导不得不重视内部审计，并强化审计力量，提升审计能力。在 2019 年 1 月召开的集团年度经营大会上，总经理明确将提升审计能力、强化审计作用作为集团年度经营重点大事。会后，集团高层领导决定独立与整合审计部，要求在 3 月底正式形成审计部独立与整合方案，4 月底完成现有审计人员的整合，6 月底执行完成审计部独立与整合方案。

要提升审计能力，首要就是认清集团内部审计的现状。基于第三章描述的现状，可以合理推断集团内部审计是失效的。这种失效的根源就在于集团领导不重视，内部审计没有真正独立，审计能力弱。在分析了内部审计失效的原因后，就可以寻找解决问题的方法，提出强化审计能力的独立与整合方案。

独立与整合方案的编制从职能设置、机构设置、人员配置和审计管理四个方面进行考虑。审计部的职能是审计部设立的根本问题，也是审计部要担负的责任和使命。审计部机构设置要考虑的重要问题就是审计部归谁领导，这直接关系审计部的独立性与权威性。审计人员配置要考虑岗位配置、人员能力配置和人员数量配置。审计管理包括计划管理、团队管理、沟通管理、制度管理和成果管理等五个部分。

第一节　审计部职能设置

审计部的职能是审计部设立的根本问题，也是审计部要

第四章 独立与整合方案

担负的责任和使命。不承担审计职能,哪里需要设置审计部?针对集团的实际情况,审计部的职能可以设置为:通过运用系统、规范的方法,审查和评价集团及所属公司的业务活动、经营管理活动、内部控制和风险管理的适当性和有效性,以促进公司完善治理、增加价值和实现目标。具体来说,审计部将开展绩效审计(年薪合同审计)、内部控制审计、管理审计、风险管理审计、离任审计、财务审计(会计核算规范审计)、工程审计、舞弊审计、跟踪审计、降本增效审计、提质增效审计等一系列审计工作,其目的在于实现内部审计的使命——为集团增加价值。

　　审计部独立设置后,不参与公司日常的生产经营活动和财务管理活动,不成为公司审批流程的一个环节,只对集团的经营管理和财务管理实施监督、评价和建议。监督主要是检查公司的生产经营活动和财务管理活动,记录并报告这些活动的文件资料和会计报表,督促采购、销售、研发、制造、人事、财务及公司其他人员遵守法律和制度规定的要求,对于不合法不合规的行为(生产经营活动和财务管理活动)和信息(文件资料和会计报表),内部审计应该加以制止并向集团领导报告。评价主要是内部审计人员对审计的生产经营活动、财务管理活动以及文件资料和会计报表的合法合规性、效益性、目标可实现性等方面发表意见。建议职能不仅包括内部审计对发现的问题提出改进意见,而且还包括内部审计对审计结果的处理建议权,即:提出纠正、处理违法违规行为的意见和改进管理、提高绩效的建议;对违法违规和造成损失浪费的被审计单位和人员,提出追究责任的建议;对严格遵守财经法规、经济效益显著、贡献突出的被

审计单位和个人,可以向集团领导提出表彰建议。

由于审计部从财务部独立出来,需要特别厘清两者的差别。财务部的工作主要包括经营计划管理、会计核算、资金管理、国资管理与税务管理。审计部的工作主要包括财务审计、内部控制审计、风险管理审计等。财务部和审计部在内部控制上的分工是,财务部负责组织内部控制建设,审计部负责内部控制评价。

另外,在集团公司内部,纪委和市场巡查也承担监督职能,审计部的职能也要与他们分清,以免出现多头监管或者无人监管的情况。纪委主要从事领导干部和员工廉洁等方面的监察,市场巡查主要是对市场纪律和秩序的监察。相比内部审计,纪委和市场巡查的范围相对较窄。审计部、纪委和市场巡查在职责上有分工,但是应该共同协作,相互配合。纪委收到的举报线索,由纪委牵头;市场巡查收到的举报,由市场巡查牵头。

第二节 审计部机构设置

一、审计部归谁领导

在明确内部审计的职能之后,接着就是要考虑内部审计机构的设置问题。张竹林、郑石桥(2017)指出,对于任何一个大型组织来说,由于存在多层级的委托代理关系链,将内部审计置于这个链条的何种层级、哪些层级,是内部审计制度建构的重要问题,不同的选择会影响内部审计主体的独立性、权威性,并影响不同层级的内部审计资源整合,最终会决定内部审计的效率和效果。以往的研究倾向于认为，内部审计领导体制是内部审计独立性和权威性的基础，内部审计的领导层级越高，越能保证审计机构的独立性和权威性。郑石桥（2017）将内部审计的领导体制归纳为五类：董事会领导的内部审计；监事会领导的内部审计；经理层领导的内部审计；董事会和 CEO 双重领导的内部审计；一些组织的内部审计与其他机构合署办公，一般由相关的副职领导。在这五种内部审计领导体制中，向董事会和 CEO 双重报告是最佳模式。

凌华兰（2012）指出，为使内部审计机构发挥更好更有效的作用，在机构设置时，要设置符合集团企业特点的内部审计机构，做到源于企业，扎根于企业。在与领导的关系上，要保证集团企业内部审计和集团企业最高领导者之间能够畅通无阻地进行有效沟通，毫无障碍。A 集团公司采用垂直管理的方式，二级公司的经营计划、主要干部人事任命都由集团决定，并且下属 20 家二级公司的董事长大多由集团领导兼任，二级公司处在集团的强控制之下。除了 3 家上市公司设立了审计委员会外，集团公司及其他 17 家非上市公司都没有设立审计委员会，从公司治理结构上看，集团应该是弱治理。在强控制弱治理的集团里，由集团总经理来领导内部审计无疑是个合适的选择（郭巧玲，2013）。

内部审计隶属于总经理领导，对二级公司各项经营活动进行检查、监督和评价，帮助被审计单位改善经营管理，提高管理水平。总经理领导的模式有利于总经理掌握内部审计的详细情况和发展动态，对集团内各部门进行监督，其优势在于：一方面，内部审计可以获得一定的独立性和较高的级别地位,可以对集团公司日常的全面经营管理活动进行监督、评价,也可以及时向总经理反映问题,提供建议;另一方面,内部审计也可以从总经理处获得连续、及时的信息反馈,并且由集团领导协调内部审计与其他部门之间的关系,有利于内部审计实现提高经营管理水平和经济效益的目的。

内部审计归总经理领导也存在一定的局限性,比如王宝庆、张庆龙(2017)指出,内部审计归总经理领导,内部审计的服务范围被缩小到总经理的权限范围以内,不利于保障股东的利益。考虑到集团是强控制弱治理的情况,并没有设立审计委员会,特别是审计部之前是由财务部部长领导,审计部归属于总经理领导在当前的实际情况下还是比较理想的选择。

二、集团及控股成员公司审计部设置

A 集团有二级控股公司 20 家,二级公司控股的三级公司及以下层级的分公司、子公司有 600 多家,控制链最长达到了 9 级。在国内,集团是全国知名企业,在主要大型城市都有经营场所和办公地点;在美国、欧洲、日本、俄罗斯、澳大利亚等地都有投资,还在墨西哥建立了工厂,仅 2018 年又完成收购两家海外公司,境外总投资达到 400 亿元人民币。集团除了控制链条长、管控难度大,集团从事的经营范围也挺广,涉及制造、金融、贸易、教育、房地产等多个不相关的业务领域。

目前,A 集团共有审计部 4 个,专职审计人员 34 人,兼职 4 人,能够独立承担一般审计任务的 12 人。审计力量弱,内部审计的确认和咨询职能基本没有得到有效发挥。在这种情况下，如何设置集团公司及控股成员公司的审计部？张竹林、郑石桥（2017）指出，在集团公司里，根据总部审计机构和下属单位审计机构的设置情况，可以分为四种类型：垂直管理/分散办公、垂直管理/集中办公、分级管理、双重管理。在垂直管理/分散办公组织体制下，集团总部统一设置内部审计机构，各下属公司不设置内部审计机构，集团审计部有一部分派出机构设置在总部所在地之外，派出机构人员编制和人事关系在总部，接受总部审计部领导。在垂直管理/集中办公组织体制下，总部统一设置内部审计机构，各下属单位不设置内部审计机构，审计人员集中在集团公司办公。分级管理是集团公司和其控股或管理的分公司、子公司都设置内部审计机构，分公司、子公司审计部向本公司领导负责，集团内部审计机构对下一层级的内部审计机构没有直接领导权。双重管理组织体制同样是按内部组织层级在各个公司分别设置内部审计机构，但是，二级公司及二级以下子公司的审计部实行双重管理，由审计部所在的公司领导负责对审计部进行日常管理，由上一级公司的审计部实行业务管理。

考虑到 A 集团公司内部审计人力资源的现状，有两种模式可供选择。第一种方案为双重管理模式，集团公司及二级公司都设立审计部，三级公司及以下层级公司，资产规模或收入规模达到一定标准的，设立审计部。由审计部所在的公司领导负责对审计部进行日常管理，由上一级公司的审计部实行业务管理。第二种方案就是垂直管理/集中办公模式，整个集团只在总部设立一个审计部，采用集中的方式，把集团内的审计力量都聚集起来，聚焦审计能力提升。

经过讨论,集团领导否决了第一个方案,认为审计部设置太多,审计力量也比较分散,难以集中力量,不利于提高集团管控能力。而第二个方案,也要进行修正。因为根据资本市场监管的要求,上市公司应该设置独立的审计部,因此集团内只设置一个审计部的做法违反证券监管要求,不可行。在考虑到上述监管要求后,形成了修正的整合方案:集团设置独立的审计部,除了三家上市公司在公司治理架构上保留审计部以满足监管的要求外,集团内其他公司的审计部和审计岗位全部撤销。值得说明的是,上市公司虽然保留审计部,保留一至两名内部审计人员与上市公司签订劳动合同,但上市公司审计部的工作由集团审计部安排,人员考核、奖惩都由集团公司审计部负责。根据集团审计调整方案,集团全面实施集中审计。

第三节 审计人员配置方案

在明确了审计部的职能和审计部的机构设置后,就应该考虑审计人员的配置问题。审计人员是执行审计任务、完成审计工作的最重要资源,单个审计人员的审计能力和团队合作的审计能力直接决定了集团审计部的能力和价值。因此,审计人员配置要考虑人员岗位配置、人员能力配置和审计队伍人数配置。

一、审计部岗位配置

合理的岗位设置对激励审计人员进步、发挥审计在集团的作用具有非常重要的作用。如果管理层次设置过少,审

第四章 独立与整合方案

人员看不到上升的空间，在获得了一段时间的工作锻炼后就会跳槽到机会更好或者待遇更好的企业，而招聘审计人员的成本要远远高过留住审计人员的成本。审计部内部的管理层级也不能太多，否则管理链条太长，就可能出现一个人干活、三个人复核的情况，而干活的又正好是最底层的审计人员。如果出现这种情况，那么很多审计问题就难以被发现。因为没有经验的审计人员本身就难以发现问题，就是发现了问题，经过被审计单位一辩解，也很容易相信被审计对象的说辞，认为这个问题是合理合规的，从而放过本应发现的问题或异常。

考虑到上述因素，A集团公司审计部拟设置审计部部长、审计组组长、审计师、助理审计师四个级别（见图4-1）。审计部设置正、副部长各一名。根据审计部职能设置方案，审计部将开展绩效审计（年薪合同审计）、内部控制审计、管理审计、风险管理审计、离任审计、财务审计（会计核算规范审计）、工程审计、舞弊审计、跟踪审计、降本增效审计、提质增效审计等一系列审计工作。由于境外投资已经超过400亿元人民币，约占集团总资产的三分之一，且集团公司还在不断扩大境外投资，因此境外投资审计应该占有较大的比重。根据海外资产与国内资产的比例以及海外审计的复杂性，集团对审计部分设五个组，包括海外审计一组、海外审计二组、财务审计组、管理审计组、专项审计组，各组设一名组长，根据需要可设一名副组长。审计师是执行内部审计工作的现场负责人，能够独立完成一些简单的审计工作。助理审计师主要负责内部审计的基础工作，如复印、扫描文件资料，催收资料等。

集团内部审计独立与整合

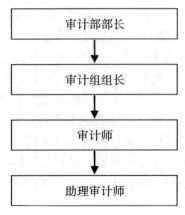

图4-1 审计部岗位配置

二、审计队伍能力设置

国际内部审计师协会（简称IIA）曾于1999年对内部审计人员胜任能力做了一次非常系统的研究，发布了"内部审计人员胜任能力框架"的研究报告（The Competency Framework for Internal Auditing，简称CFIA）。CFIA认为，风险导向内部审计的关注点发生了变化，直接影响了对内部审计人员胜任能力的要求，内部审计人员应当具备两方面的素质：知识技能和行为技能。知识技能包括技术、分析设计能力、鉴别能力；行为技能包括个人技能、人际技能以及组织技能。IIA认为，未来的内部审计师必须具备以下素质：一是多面手，拥有大局观，对整个组织的价值具有前瞻性考虑；二是置身其中，要参与和了解公司各项业务，发现问题及时提出解决措施；三是精通技术，应用专业技术知识来预

第四章 独立与整合方案

防和减少公司的风险,改进治理过程和提高效率;四是顾问,提供保证、培训和咨询服务;五是领导人,在风险控制和改进组织的效果方面发挥领导作用。

2010 年,比利时内部审计协会发布了《内部审计人员胜任能力框架和任务》,认为内部审计人员胜任能力由三部分组成:内部审计技能、审计知识、行为技能。内部审计技能包括内部审计工具、技术和方法;审计知识包括商业、财务和管理会计、治理、舞弊、IT 以及其他知识;行为技能,即与他人有效交流的软技能,包括运营和交流两方面内容。

2010 年 7 月,澳大利亚内部审计协会发布了《内部审计人员胜任能力框架》,认为内部审计人员胜任能力包括标准、技术技能、人际沟通技能、知识领域。同时,针对四种不同水平的内部审计人员,即初级内部审计人员、熟练内部审计人员、内部审计管理人员以及首席审计执行官,分别从以上四个能力构成要素做出不同的要求。

《中国内部审计协会第 1201 号——内部审计人员职业道德规范》第十五条指出,"内部审计人员应当具备下列履行职责所需的专业知识、职业技能和实践经验:(一)审计、会计、财务、税务、经济、金融、统计、管理、内部控制、风险管理、法律和信息技术等专业知识,以及与组织业务活动相关的专业知识;(二)语言文字表达、问题分析、审计技术应用、人际沟通、组织管理等职业技能;(三)必要的实践经验及相关职业经历"。

根据 A 集团公司的实际情况,从专业知识、专业技能、通用能力、实践经验四个方面来对审计人员的能力进行设置。

集团内部审计独立与整合

(一) 专业知识

国际会计师联合会（IFAC）2003年在《成为胜任的职业会计师》报告中提出的职业知识分类，包括：一般知识、会计与相关知识、信息技术知识、组织与经营知识等。本书将内部审计的职业知识分为职业基础知识、职业应用知识、职业环境知识。

1．职业基础知识

职业基础知识是指通过普通的国民教育所能获得的基础、广泛的一般知识，它是能够为内部审计师的职业生涯提供核心技术的基础知识。这些知识为内部审计师的后续教育学习和相关专业学习提供了基础。基础知识的核心内容包括：审计、会计、财务、税务、经济、金融、管理、内部控制、风险管理、经济法、统计学等。

2．职业应用知识

职业应用知识是指在执行具体的审计业务时，为达到最恰当有效的实务标准进行合理的职业判断所必须具备的综合应用知识。职业应用知识的核心内容包括：舞弊识别与分析、财务审计、内部控制自我评价、风险管理审计、经济责任审计、管理审计、内部审计职业道德、建设项目审计、信息系统安全审计、内部审计项目管理、审计写作、内部审计人际关系与冲突管理等。

3．职业环境知识

职业环境知识是指内部审计所涉及的制度、准则、法律、政策及所属行业的特殊业务知识。职业环境知识的核心内容包括：中国内部审计准则、内部审计质量评估标准、国

第四章 独立与整合方案

际内部审计实务标准、审计法、审计法实施条例、公司治理准则、会计法、合同法、税法、相关经济政策、所属行业的特殊业务知识、内部审计相关的其他法律法规等。

（二）专业技能

内部审计专业技能是在职业知识的基础上，运用知识的能力。专业技能是内部审计职业胜任能力的核心，具备相应的专业技能是开展审计工作的前提条件。如何更好地把专业知识运用到审计工作中、如何通过审计工作整合已知和未知的知识是比掌握知识本身更重要的技能。因此，只有具备了相应的技能，才能够实施审计并提高审计知识的持续获取能力，提高咨询服务能力，适应审计领域拓展的需要。

根据技能在传统教育理论中的划分结果，按其性质和特点可以分为智力技能和操作技能。智力技能是指在头脑中对事物分析、综合、抽象、概括等的智力活动，包括：职业判断能力、分析能力、逻辑推理能力、应变能力、压力管理能力、战略思考能力、系统思考能力、问题识别及解决能力、组织领导能力。操作技能指由大脑控制机体运动完成的动作、本领，包括：沟通能力、团队合作能力、组织协调能力、时间管理能力、冲突管理能力、持续职业发展能力。

（三）通用能力

胜任的内部审计师所具有的通用能力是指其应具有的共同的职业特质。职业特质是指人与执业行为有关的差异性、内在的个人特点。不同品质和性格特征的人从事内部审计职业也同样会表现出不同的结果。但成功和胜任的内部审计师所具有的职业特质是相同的，包括以下几个方面。

1. 独立

独立性是审计的灵魂所在，独立性带给审计的价值，在于创造一种让审计师最大限度实现客观性的环境。内部审计谈独立性，更多的是从组织的角度出发，看审计组织有没有从事被审计单位的业务管理活动。

2. 客观

客观性是在独立性的基础上产生的。客观性是指内部审计师必须公正、不偏不倚地发表意见，避免任何利益冲突。

3. 诚信

一般意义上，诚信是指诚实不欺，讲求信用，强调人与人之间应该真诚相待。内部审计师必须讲究诚信，诚信的人值得信任，更重要的是为信任他们所说的和所做的奠定了基础。内部审计工作"产品"的使用者只有在对内部审计人员信任的基础上，才会依赖于他们的"产品"，做出判断。

4. 激情

内部审计工作常常面临很大的压力和阻力，审计人员的职责常常是在披露一切事实真相的同时还要保持一贯的职业目标，尤其是当牵涉到大家都不愿意看到的信息时，审计人员在原则性的问题上绝不让步，这种压力往往是难以想象的。成功的内部审计师往往对他们的工作拥有浓厚的兴趣并充满热情，在面对压力与阻力时依然保持对这个职业的热情。

5. 好奇

从事内部审计工作时，内部审计人员常常缺乏判断所需要的依据，因此，内部审计师必须充满好奇心，询问超出

"常规检查表"所列的问题。他们可能需要通过更多的试探性的问题来获得验证。此外，内部审计工作中，许多问题的解决方案并不是显而易见的，成功的内部审计师往往需要富有创造性并且打破条条框框，找出对管理层及其他利益相关者有价值的各种方法。

6．坚定

审计人员在审计过程中，经常会面临很大的压力，这些压力常常使得内部审计人员容易产生动摇，对职业判断产生影响。成功的内部审计人员在原则性的重大问题上，如果需要弄清楚，就必须毫不含糊地查下去，坚定不移，决不让步。

7．主动

主动性由个人的需要、动机、理想、抱负和价值观等推动。成功的内部审计师在没有受到激励的情况下，仍会主动采取行动，迎接眼前的挑战或把握未来的机遇。内部审计不再是对过去的评价，应该洞察风险、评估风险、寻找机会，成为增值业务的推进器。内部审计人员必须积极、主动地寻求和把握机会，在多变环境下，主动确认、分析风险，寻找问题所在，并以此来增加组织价值，发挥他们在组织中变革代理人的角色。

8．合理怀疑精神

内部审计师必须存有合理怀疑的精神，通过逻辑推理或常识来对获取的相关信息进行合理的怀疑，判断信息的真实性，以避免误信而不能发现真正的问题。

9．审慎

作为一种特质，职业审慎性是指内部审计师在复杂的环境下，能运用自己的专业熟练性和技巧，识别出损害组织利益的各种现象和行为。职业审慎并不要求对所有交易进行详细的检查，但针对那些重大、复杂的敏感问题，必须保持审慎的态度，尤其警惕那些故意犯错、消极怠工、浪费、利益冲突、违法乱纪现象，对控制不充分的领域提出改进建议。当然，职业审慎并不意味着内部审计人员永不犯错，因为内部审计师不能保证发现所有重大的风险，更不能绝对保证企业不存在违反规定或违法乱纪现象。

（四）实践经验

1. 工作年限

从大学毕业到各类组织的工作年限，工作年限在一定程度上体现了对组织运作实践的认识高低。在会计师事务所的工作经验对内部审计的工作有一定的帮助，在一定程度上可以替代从事内部审计的工作年限。

2. 从事内部审计工作实践

从事内部审计实践的长短直接体现了对内部审计的认识程度。然而，内部审计在组织的定位不同，在企业的地位不同，其在不同的企业做法也可能不同。

3. 主持大型审计项目工作经验

主持大型审计项目意味着内部审计能力和资质已经获得了一定的认可，已有的经验也可以为未来的发展提供很好的经验。

表4-1列出了A集团公司审计部对审计人员能力要求的方案。

第四章 独立与整合方案

表4-1 审计人员能力要求

岗位	专业知识	专业技能	通用能力	实践经验
助理审计师	掌握职业基础知识	操作技能	保持独立、客观、诚信、审慎、敏感的职业特质	工作年限不满3年
审计师	掌握职业基础知识，职业应用知识	操作技能	保持独立、客观、诚信、激情、好奇、坚定、主动、敏感、审慎的职业特质	内部审计工作年限3年以上
审计组组长	掌握职业基础知识，职业应用知识、职业环境知识	智力技能和操作技能	保持独立、客观、诚信、激情、好奇、坚定、主动、敏感、审慎的职业特质	内部审计工作年限5年及以上
审计部部长	精通职业基础知识，职业应用知识、职业环境知识	智力技能和操作技能	保持独立、客观、诚信、激情、好奇、坚定、主动、敏感、审慎的职业特质	工作年限10年及以上，内部审计工作年限不少于5年

三、审计队伍人数配置

对于审计队伍人数，已有的研究较少涉及，这可能是因为内部审计的人数取决于企业的业务性质、审计需要、领导的重视程度等实际情况，很难有一个适合于不同行业不同企业的固定的比率。但是，如果审计部人数过少，会导致审计工作难以有效开展，出现审计不足的情况。A 集团在独立和整合审计部时，首先考虑了内部审计需求。其计算见表4-2。

表4-2 内部审计需求计算表

	审计公司数（个）		平均每公司需要时间（工作日）	预计需要时间（工作日）
	二级公司	三级及以下		
经营绩效审计	20	130	25	3750
内控审计	10	80	40	3600
会计核算规范化审计	10	100	20	2200
工程造价审计	1	10	30	330
舞弊审计	2	6	20	160
后续审计	6		20	120
机动时间				800
合计				10960

按照每人平均出勤250天，考虑休假5天，后续教育和培训5天，实际全年约为240天。预计需要人工日大致为10960，因此需要的人数为46人。考虑到目前全集团有38人（含兼职4人），到年中应该配置到50人才能完成全年的审计任务。因此，审计部独立与整合需要配置50人。

第四节　审计管理方案

严玮佳（2018）从计划管理、团队管理、沟通管理、

第四章 独立与整合方案

制度管理和成果管理等五个部分研究审计管理。借鉴这一思路，A集团公司独立与整合审计管理方案如下。

一、计划管理

审计计划是审计部为了完成审计业务，达到风险管控、发现问题和提供建议等目标，对审计工作或具体审计项目做出的安排。审计计划包括年度审计计划和项目审计方案。年度审计计划是对年度预期要完成的审计任务所做的工作安排，项目审计方案是对实施具体审计项目所需要的审计内容、审计程序、人员分工、审计时间等做出的安排。

审计部部长负责年度审计计划的编制工作，在每年1月初根据集团的经营战略、年度经营大事、领导关心的重点、风险评估情况，结合审计部人力资源配备情况来确定具体审计项目和时间安排。对于风险高发以及控制薄弱的流程和环节应该纳入年度必审项目。年度审计计划初稿完成后，应在审计部内部进行充分讨论，吸取意见，形成正式的审计计划向集团总经理报告，经总经理或者集团领导办公会议决定后再形成最终的审计计划。

审计计划按照审计项目的轻重缓急进行分类，对于重要的审计项目，应该确保完成。随着环境的变化，集团的生产经营也可能会发生调整，企业面临的风险也可能会发生变化，因而审计计划应该具有一定的灵活性，能够适应环境的变化和满足集团领导的需要。为了进一步发挥审计计划的作用，审计部应该按季度编制滚动的审计计划，对于审计计划发生变动和需要调整的，应该重新提请集团总经理或集团领导办公会议审批。

审计部应当根据年度审计计划和滚动的季度审计计划确定具体的审计项目和时间安排，选派内部审计人员开展审计工作。审计项目负责人应当根据被审计单位的下列具体情况编制项目审计方案：业务活动概况；内部控制、风险管理体系的设计及运行情况；财务、会计资料；重要的合同、协议及会议记录；上次审计结论、建议及后续审计情况；上次外部审计的审计意见；其他与项目审计方案有关的重要情况。

　　项目审计方案应当包括下列基本内容：被审计单位、项目的名称；审计目标和范围；审计内容和重点；审计程序和方法；审计组成员的组成及分工；审计起止日期；对专家和外部审计工作结果的利用。项目审计方案由项目组组长负责编制。在实施审计项目前，审计方案应该经过审计部部长批准。项目审计方案在实施过程中，因为出现了新情况、发现了新问题或者其他原因需要调整的，应当重新报审计部部长批准。

二、团队管理

　　人员的选择和安排是审计部履行职能的重中之重。审计工作是团队合作，需要审计项目负责人和其他审计人员一起完成，因此审计项目小组的合作情况对提高效率具有重要的影响。小组成员之间的抵触和内耗不仅大大影响审计工作的质量和效率，还可能传导到被审计单位，进而可能对审计工作和审计人员带来不利的影响。高度合作的审计团队对增加团队凝聚力、提高合作力、提升审计能力具有非常重要的作用。

　　审计部拟分成国内项目组和国外项目组，国内项目组可分为财务审计组、管理审计组、专项审计组；国外项目组可分为国外项目一组、国外项目二组。这五个小组每组都有相对固定的审计业务，审计组组长对每组审计人员的工作态度、能力和性格等方面都应该比较熟悉，在组建审计项目团队时，应该充分考虑团队成员之间的合作情况。另外，当审计团队面临能力不足和人员不足而需要其他小组人员来帮忙时，由审计部部长负责协调各个审计组之间的团队合作。

除了在组建团队时要考虑团队能够形成的审计能力合力，降低团队之间的冲突，更重要的是培养审计人员的团队合作精神。在执行审计工作时，强调团队合作，审计人员之间充分交流和沟通。另外，在薪酬设计和奖惩制度方面，集团审计部将充分考虑审计人员个人的团队合作精神。

三、沟通管理

审计部将通过在公司内部举办培训班和在公司内网中建立审计工作网页来加强与公司其他部门的沟通。通过举办培训班，宣讲内部审计知识，可以帮助其他部门和员工更好地了解和认识内部审计，消除他们对内部审计的误解，争取获得他们的理解和支持。以往的一些研究和实践也表明，对员工进行舞弊知识培训，有助于提高他们对舞弊的认识，能够更好地形成员工之间的相互监督，以降低舞弊发生的可能性。

审计部在集团公司内网中建立审计工作网页，在网页上分享审计工作动态和信息，比如在网页中发布审计预警信息、公布审计通知书、下达审计整改通知书和审计风险提示函等，还可以在网页中提供审计制度及规范、审计理论及实务研究报告、典型性审计案例以及集团领导对审计工作所做的重要批示等内容。为了增进与集团其他部门员工的沟通，还可以增加留言、反馈和举报等内容。

四、制度管理

健全的内部审计制度有利于保证审计质量，因此要明确内部审计制度，不仅要建立审计机构自身的制度，还要建立审计与高层管理者、被审计单位以及其他外部单位之间沟通和联系的管理制度。审计制度制订不宜过多，太多可能导致内部审计人员没有时间去看，因而达不到效果。A集团公司审计部拟制订的规范性制度包括三个大的方面：流程支持制度、审计业务制度、质量控制制度。流程支持制度从审计计划阶段、审计实施阶段、审计报告阶段和问题整改阶段四个方面来进行规范。在审计计划阶段，集团审计部将制订《集团审计计划管理规范》和《集团审计通知书管理规范》。在审计实施阶段将制订《集团审计抽样管理规范》《集团分析程序管理规范》《集团审计证据管理规范》《集团审计工作底稿管理规范》和《集团审计工具运用管理规范》。在审计报告阶段将制订《集团审计结果沟通管理规范》和《集团审计报告管理规范》。在问题整改阶段将制订《集团跟进建议及后续审计管理规范》。流程支持制度框架见表4-3。

第四章 独立与整合方案

表4-3 流程支持制度框架

审计阶段	具体内容	制度名称
审计计划阶段	明确审计目标、选择审计对象及人员、制定审计方案并下达审计通知	《集团审计计划管理规范》《集团审计通知书管理规范》
审计实施阶段	通过符合性测试与实质性测试等程序形成充分审计证据;编制审计工作底稿;审计工具运用	《集团审计抽样管理规范》《集团分析程序管理规范》《集团审计证据管理规范》《集团审计工作底稿管理规范》《集团审计工具运用管理规范》
审计报告阶段	确立审计结果沟通原则及方式;确立审计报告书写规范	《集团审计结果沟通管理规范》《集团审计报告管理规范》
问题整改阶段	后续审计跟踪	《集团跟进建议及后续审计管理规范》

审计业务制度从内部控制审计、绩效审计、信息系统审计、舞弊审计、经济责任审计和其他专项审计等审计事项方面来分别制订,审计业务制度框架如表4-4所示。

表4-4 审计业务制度框架

审计事项	具体内容	制度名称
内部控制审计	指内部审计机构对组织内部控制设计和运行的有效性进行的审查和评价活动	《内部控制审计评价管理办法》

续表 4-4

审计事项	具体内容	制度名称
绩效审计	指内部审计机构和内部审计人员对本组织经营管理活动的经济性、效率性和效果性进行的审查和评价	《经营业绩考核与审计管理办法》
信息系统审计	指内部审计机构和内部审计人员对组织的信息系统及其相关的信息技术内部控制和流程所进行的审查与评价活动	《集团信息系统审计管理办法》
舞弊审计	指对组织内、外人员采用欺骗等违法违规手段,损害或者谋取组织利益,同时可能为个人带来不正当利益的行为进行审计	《集团专项舞弊审计管理办法》
经济责任审计	指企业的法定代表人或经营承包人在任期内或承包期内应负的经济责任的履行情况所进行的审计	《集团经济责任审计管理办法》
其他专项审计	指基于企业的具体经营状况及业务而进行的其他专项审计	《集团其他专项审计管理办法》

质量控制制度包括《集团审计质量控制制度》和《对外部审计机构的监督制度》,分别规范对集团审计部自身的质量控制和对外部审计机构的监督。之所以强调对外部审计机构的监督,主要是基于在 2018 年发现分公司提前确认收入的现象大量存在,特别是发生巨额损失的贸易公司存货账实相差几十亿人民币,外部注册会计师审计竟然没有发现和报告,导致集团领导对外部审计的质量产生怀疑。

第四章 独立与整合方案

五、成果管理

审计成果管理对展示审计部的工作、提升审计工作的价值具有非常重要的意义。如果审计报告提交后，被审计单位就放在一边，那么审计工作就白做了。因此，审计部要强化对审计成果的管理。一是要提升审计成果的质量，提高审计报告的可读性；二是审计部要宣传审计成果，突出审计成果对集团发展的价值贡献，对审计工作进行适当营销；三是审计部要促使审计成果转化为行动，及时开展对发现的问题的后续审计，督促被审计单位落实行动计划。

第五节 审计部独立与整合方案

一、方案制订的整体思路

为强化集团对业务活动、内部控制和风险管理的监督和评价，促进各公司完善经营管理、实现经营目标，需要独立审计部。将各公司分散的审计力量聚集起来，提高集团审计能力，需要整合内部审计资源。审计部的独立与整合涉及五个方面的调整。

（一）架构调整

集团审计部从财务部中分离出来，成为真正独立的部门。审计部部长为公司的中层管理者，直接向集团总经理汇报工作，提高内部审计的独立性和权威性。

(二) 职能调整

从"事后审计"向"事前审计、事中审计"转移,由"绩效和财务审计"向"流程审计和管理审计"过渡,帮助各公司完善内部控制、消除隐患、防范风险,塑造风清气正的文化氛围,保障经营目标的实现。

审计部独立后,不参与公司日常的生产经营活动和财务管理活动,不成为公司审批流程的一个环节。审计部的工作主要包括财务审计、内部控制审计、风险管理审计、内部控制评价等。另外,内部审计根据纪委和市场巡查的要求,在财务和流程方面给纪委和市场巡查提供技术支持,合作开展工作。审计部与财务部、纪委、市场巡查等监察机构的职能区分见表4-5。

表4-5 审计部与其他部门职能区分

职能部门	财务部	审计部	纪委、市场巡查等监察机构
具体职能	经营计划管理、资金管理、会计核算、国资管理与税务管理、会计信息化以及内部控制体系建设	财务审计、内部控制审计、风险管理审计、舞弊审计、工程审计、离任审计、专项审计,内部控制体系评价,对外部审计的监督	纪委主要从事员工廉洁等方面的监察,市场巡查主要是对市场纪律和秩序的监察

第四章 独立与整合方案

(三) 机构整合

A集团公司设置独立的审计部,三家上市公司在公司治理架构上保留审计部以满足监管的要求,上市公司审计部的工作由集团公司审计部安排,人员归集团公司审计部管理。集团内其他公司的审计部和审计岗位全部撤销。机构调整后,A集团全面实施集中审计。

(四) 人员调整

为了满足资本市场监管的要求,除三家上市公司保留1至2名审计人员与上市公司签订劳动合同外,其他审计人员全部与集团公司签订劳动合同。即使是与上市公司签订合同的审计人员,仍然由集团审计部定薪和考核。

(五) 思路调整

审计部将改变以账务导向为基础的审计,转向以风险为导向的审计;从单纯的审计职能向审计和咨询并重转变,关注各公司在执行集团政策、落实集团要求和实现组织目标中遇到的困难和问题,帮助各公司发现问题,提出解决问题的建议。

二、实施步骤

在2019年1月召开的集团年度经营大会上,确定了"提高审计能力,审计部年底达到50人"的目标,集团内部审计的独立与整合也将作为集团2019年的十件经营管理大事之一来抓。根据集团领导要求,3月底形成正式的独立与整合方案,4月份人员实施集中办公,6月底独立与整合完成。表4-6列出了集团内部审计独立与整合方案的实施步骤。

表4-6 独立与整合方案实施步骤

		2月	3月	4月	5月	6月
集团审计部	起草方案		1. 提交正式的方案 2. 联系行政后勤安排办公地点 3. 通知各公司提交本年的审计计划	1. 接收各公司审计档案 2. 汇总各公司本年度审计计划 3. 汇总各审计人员未完成工作	1. 对审计人员进行分组 2. 协调调动人员与原单位的关系	制定内部审计章程、内部审计管理制度,制订集团审计计划
集团人事	讨论方案		1. 通知各公司审计人员办理调动手续(与上市公司保留合同关系的一两个人员由上市公司确定) 2. 对调动人员的薪酬和岗位进行排查,一般情况下,薪酬不调减	1. 处理调动事项,回答疑问 2. 就社保交纳地点与外地员工进行沟通	招聘审计人员	招聘审计人员

续表 4-6

		2月	3月	4月	5月	6月
行政后勤			对办公地点做出初步安排，布置办公室，进行必要的装修（如需要）	配置可容纳35人的办公室，包括办公桌椅、通电、通网络		
集团领导			审批			
各公司审计部	讨论方案		1. 整理审计档案 2. 向集团审计部提交工作计划	除三家上市公司外，其他公司审计部、审计岗撤销	继续推进未完成的或计划在第二季度完成的工作	继续推进未完成的或计划在第二季度完成的工作
各公司审计人员			1. 开始办理调动手续 2. 对手头未完成工作进行书面整理，并提交给集团审计部	集中到集团办公	接受集团公司审计部与原单位的双重领导	接受集团公司审计部与原单位的双重领导

三、重构审计部

(一) 内部审计部的定位

防风险、促规范、增价值。具体来说，集团审计部要防范集团发展的风险，尤其是经营目标不能实现的风险。通过审计，促进集团公司经营合法合规。通过帮助集团公司规范经营管理、降低风险、减少损失和舞弊并为集团提供管理建议来增加价值。

(二) 内部审计的职能包括财务审计、管理审计和专项审计

财务审计主要是对会计核算的真实性、准确性、规范性进行审计。管理审计主要是致力于改善内控，降本增效，包括风险管理审计、内部控制审计、经济合同审计、投资项目审计等。专项审计主要包括离任审计、舞弊审计、工程审计、诚信经营审计、信息系统审计以及领导安排的其他审计。

(三) 内部审计的工作范围

对集团各公司的财务收支、会计资料、经济活动、内部控制、风险管理实施独立、客观的监督、评价和建议。审计范围可以从时间上和空间上进行规定。从时间上看，可以是当年，也可以是前3年，时间范围的长短需要根据审计目标来确定。从空间上看，包括集团公司及所属公司的经营场所、制度流程、文件资料和相关人员，空间范围的大小也应

该根据审计目标来确定。

（四）审计部的结构

到 2019 年 12 月，审计部计划达到 51 人，将超过年度经营大会确定的最低目标 50 人。其中，审计部部长 1 人，副部长 1 人，国外项目组 18 人，国内项目组 30 人，部门秘书 1 人。审计部部长负责全面工作，分管国内审计项目，副部长分管国外审计项目，审计部部门秘书主要负责审计部的考勤、费用管理、档案管理等工作。五个小组每组根据胜任能力和管理能力选出一名组长负责该组的审计工作，各组还可根据需要设置一名副组长。

四、工作衔接

由于集团审计部独立与整合涉及下级公司人员的调动，同时也影响到下级公司及相关人员工作的开展，因此要对调动人员的工作进行衔接。根据集团领导要求，4 月份各公司审计人员开始向集团审计部办理调动手续，4 月 30 日前全部到岗，实施集中办公。5 月到 6 月，发生调动的审计人员仍然负责原公司未结束的审计工作，与原公司保持沟通，但向集团审计部报告工作，实施双重管理。5 月，集团审计部将对审计人员进行分组并协调调动人员与原单位的关系。6 月份制订内部审计章程、内部审计管理制度，并在汇总各公司审计计划的基础上，结合各公司的审计需要，确定 7 月到 12 月的集团初步审计计划。6 月 30 日，审计独立与整合完成，各公司审计人员与原单位彻底脱离工作关系。

五、内部审计的权限和责任

内部审计的权限包括：审计人员可以自由出入下属公司的每一个部门，并且有权查阅所有对执行审计工作有帮助的文件或档案；有权要求相关人员在合理的时间内提供相关的解释及资料；有权就审计发现的问题提出建议。

内部审计的责任包括：独立于所审计单位的经营管理活动，客观地发表审计意见；未依法依规实施审计导致应当发现的问题未被发现并造成严重后果的应当追责；出具虚假审计报告和泄露商业秘密的应当追责。

由于内部审计人员执行审计有其侧重性，不可能面面俱到什么都查，再加上时间有限，审计范围也有限，不能指望审计发现所有的问题和舞弊情形。这些问题和舞弊情形在一把手权力过大和出现串谋的情况下更难发现。因此，在审计人员严格执行了审计程序还是不能发现问题和舞弊情形的情况下，审计人员应该免于追责。另外，内部审计师审计后暴露出的问题，如果不属于内部审计人员的审计目标和审计范围，审计人员也应免于追责。

六、审计部工作规划

独立和整合后的审计部，将聚焦审计能力，并通过抓重点、补短板、强弱项来提高审计质量，增加审计效益。通过提高审计人员素质和审计能力，实行审计人员合理搭配以及预留一定的工作灵活度，内部审计可以更好地响应临时出现的审计任务。审计部工作规划包括近3年的工作规划和2019年的工作规划。近3年工作重点如表4-7所示。

第四章 独立与整合方案

表4-7 审计部近3年工作重点

	2019	2020	2021
部门自身建设	1. 审计资源整合与人才队伍搭建 2. 编制《内部审计章程》和《内部审计指引》，规范内部审计工作 3. 建设审计案例库 4. 组织内部审计培训2次以上	1. 人才队伍优化和能力提升 2. 审计程序、方法规范化 3. 建立与内部审计协会、标杆企业的连接	1. 强化内部审计能力 2. 审计信息化建设
工作重点	1. 会计核算真实性、规范性审计 2. 为内部控制建设提供咨询意见	1. 风险管理审计 2. 根据集团年度大事确定的审计	1. 管理审计 2. 咨询服务

审计部独立与整合后，2019年将在以下三个方面重点开展工作：一是进一步加强集团会计核算真实性、合规性审计；二是开展集团管理制度审计，强化对海外公司的监管，重点关注各公司对集团政策、要求的执行情况；三是识别和排查影响集团发展的重大风险，对重大风险的应对和管理进行审计，以促进和监督风险控制制度的建立、健全和执行。

审计部2019年的工作推进思路为：

（1）围绕上述重点工作，审计部2019年将开展年薪合同审计、内部控制审计、风险管理审计、境外公司审计、财务审计、工程审计、跟踪审计等多项内部审计。另根据领导安排实施离任审计、舞弊审计等若干项。力争用3年的时间,对集团各项经营管理活动实施审计全覆盖。

(2)把审计工作做实。强调审计工作要经得起检验。目前审计部的一个突出问题就是审计工作底稿拿不出手。针对这一问题,2019年审计部将在审计规范方面下功夫,从规范审计工作底稿的编制和复核两方面提高审计工作的规范性。工作底稿不能只体现已发现问题的线索,对查了哪些资料没有发现问题的也要有描述。另外,强化审计证据的可靠性和相关性,对于影响公司发展的重大发现和问题,要从事件发生的先后顺序和逻辑原因方面构建起证据链,做成铁证。

(3)重视审计后的整改工作。对于审计发现的问题,要有整改措施。对于超出被审计单位控制范围内的问题,不列入审计报告,由审计部向被审计单位的上级单位反映。对于小的错误和问题,不列入审计报告,强化审计报告对生产经营的提升作用。被审计单位的整改计划要列入审计报告,对于边审计边整改的,也要在报告中提及。审计部将安排专门的跟踪审计,监督整改落实到位。

第五章
独立与整合执行

A集团公司内部审计独立与整合方案编制完成后,在财务部组织了一次评审,并向集团总经理做了汇报,经总经理批准后,于2019年3月下旬提交集团领导班子会议讨论后通过。方案能够顺利通过的主要原因就是,方案本身立足于集团内部审计的现状,提出的方案要解决的正是领导关心的难点,且方案务实可行。4月初开始着手实施。在实施方案前,由审计部组织召开了启动会,并宣布审计部独立与整合方案。

第一节 审计部正式成立

审计部独立与整合方案经过集团领导班子办公会议批准后,集团办公室就发文宣告成立审计部。审计部正式从财务部中独立出来,直接向集团总经理报告工作。

A集团审计部的独立,看似就是一个集团红头文件的下发,其实背后有很多曲折的故事。自2007年以来,A集团一直都设有审计部,只是这个审计部是隶属于财务部的一个组,并没有同集团其他部门一样的地位。而在向审计局、国资委以及其他政府部门报送材料时,审计部又作为一个独立

的部门存在,对外提供资料,联络政府部门。

在审计部隶属于财务部的十多年里,由于财务部部长的不断变化,审计部的工作职责也在不断发生变化。有的财务部部长对审计部积极支持,尽量争取资源帮助审计部提高信息化水平、为审计部撑腰;有的财务部部长对审计部既不关心也不支持,任其发展,只要审计工作不给自己惹麻烦就行;有的财务部部长认为审计就是财务的一部分,自己干脆同时兼任审计部部长,尽量安排审计人员去从事财务管理工作。

A集团审计部经过十多年的发展,除了留下一些电子审计报告,居然没有留下其他有价值的档案资料,甚至没有什么工作积累。以前曾采用过的审计软件也已经废弃不用,之前的各任审计部部长大多已经离开公司。整合前审计部有6名员工,其中3名员工入职时间不到1年,在集团审计部工作时间最长的也只有3年。从某种意义上说,审计部的独立与整合是集团审计部的重新构建。

审计部的最终独立体现了集团内部审计的需求与供给的矛盾已经激化到了一定程度。集团一把手主持工作的时间已经20多年了,一直没有想过要独立审计部,原本只想挂个审计部的牌子应付监管。但是,公司规模不断扩大,管控难度越来越大,因为管理失控给集团带来的损失非常巨大,2018年仅其中一家贸易公司因为违规开展供应链金融业务就给集团带来了1亿美元的损失。到了这个时候,其面临着保护国有资产的压力,一把手终于认识到要强化内部审计了。

集团审计部正式成立,最高兴的就是集团审计部的同事

第五章 独立与整合执行

了,大家欢呼雀跃,庆祝审计部地位的提升。而三家上市公司审计人员的态度就比较复杂了,有的称好,有的担心工作量会变大,但因为知道自己也没有其他选择,所以欣然接受变化。独立后集团审计部集中了全集团的审计资源,负责全集团所有公司的审计。虽然这三家上市公司在形式上保留了审计部和审计人员,但审计工作实施和审计资源配置完全由集团安排。

第二节 办公室调整

集团审计部在独立整合前才6人,作为财务部的一个组,审计人员一直在财务部的办公室办公。然而,根据年度经营管理大会制定的目标,到2019年年底,审计部人数不低于50人,人数大大超过集团财务部定编的32人。这样一来,财务部的办公室就不够坐了。况且现在审计部真正独立了,必须另外寻找新的办公室。

寻找办公室的任务交给了集团办公室。最开始他们提供了两间办公室;考虑到审计部刚独立与整合,人员之间还不是太熟悉,分两个地方办公不利于审计部工作的开展,审计部部长建议最好找一间大办公室。办公室经过协调,终于找到了合适的大办公室。

另外,审计部的工作具有一定的特殊性,审计人员要经常询问、访谈被审计单位的人员,因此最好有专门的会议室能够谈话,要求比较安静、不受打扰。由于集团业务扩展比较快,办公地点比较紧张,集团办公室好不容易才找到一间大的办公室,不可能再另外安排会议室。最终,经审计部与

办公室协商，在这个大办公室里，再隔开一个小房间作为审计部的会议室。

第三节 人员配置

一、人员调动

审计部最重要的资源就是人力资源，审计部的独立与整合的核心就是审计人员与审计团队的能力提升。执行集团审计部独立与整合方案涉及的最主要的问题就是审计队伍的组建，包括集团现有审计人员的整合和招聘新的审计人员。集团现有审计人员38人，其中兼职4人，专职人员34人。因为兼职的审计人员本身就是二级公司的财务人员，所以不参与审计部的独立与整合。根据集团审计部要求，以后其工作岗位也要去除"审计"这两个字。

另外的34名专职审计人员，除3家上市公司每家需要保留2人继续与上市公司签订合同以应对上市监管要求外，其他人员须全部调入集团审计部，但审计部会先征询个人及其所在单位的意见。逐一进行联系才发现，有5个内部审计人员不愿意调入集团审计部。在制订审计部独立与整合方案前，财务部部长曾担心各个公司的财务人员和其他员工都愿意到集团审计部来工作，因此不愿意把独立与整合方案提前透露；事后才发现，整个集团内愿意到审计部来工作的人数不多。这些员工不愿意调入集团审计部的理由包括以下几个方面。

在一家效益较好的二级公司工作的审计人员在听说要调

到集团后,连声反对,声称集团业务复杂,自己懂得少,干不了集团的活。该公司的财务部部长也坚决反对调动,说如果她去集团了,她的活谁干?由于她自身不愿意来,她的领导也不愿意放人,最终她没有来集团审计部。

另有一个在二级公司工作的同事,他之前曾担任财务部副部长,属于集团人事考核的范围,2018年因在集团年度考核不合格而被免职,但继续留在财务部从事审计工作。他对经营业务也比较熟悉,征询其调动意向时,他最开始挺高兴,表示愿意好好工作,但是接着他的心理就发生了变化,表示不愿意来集团审计部。为什么他刚开始很高兴后来却又拒绝呢?主要原因还是觉得集团人事部之前伤害了他。

还有一家二级公司的两名监察审计人员从事内部审计还不到一年,他们更关心薪酬待遇。在审计部征询他俩是否愿意来集团审计部后,他俩明确表示说要看集团的工资情况,根据工资状况来决定是否到集团审计部工作。后来他们了解到集团的工资并不比子公司高,且集团基本没有福利,而集团涉及的工作面更广,难度更大,加班更多,因而不愿意到集团审计部来。

另外,还有1人因为担心集团审计部经常要出差,也不愿意调到集团审计部。值得一提的是,这5名员工都是非上市公司的审计人员,他们不来集团审计部的话就将继续在财务部从事财务工作。三家上市公司的审计人员似乎认识到自己没有其他选择,都同意调到集团审计部。这样,集团审计部总共就有29人。考虑到这29人也还可能发生离职和变动,集团拟新招聘30名内部审计人员。招聘的渠道包括集团内部招聘、社会招聘和学校毕业生招聘。

集团内部审计独立与整合

在集团内部招聘,由集团人事部在集团内部网上发出招聘公告,在集团内工作 3 年以上的采购、销售、生产、投资、IT 等方面的人才都可以报名申请调到审计部从事内部审计。因为独立与整合后的内部审计的工作范围大大扩大,也需要各类懂公司生产经营的具有较丰富经验的人才,因此内部招聘不限专业。可令人叹息的是,没有人报名。这也在一定程度上说明内部审计的吸引力较小,内部审计发展的道路任重道远。值得一提的是,集团财务部有两个同事因为工作压力比较大、加班比较多,希望能调到审计部来工作,但是审计部刚从财务部独立出来,而财务部最近人员流动比较大,如果接收这两名财务人员到审计部,可能引发部门矛盾,就婉拒了。最终,集团内部招聘这条渠道并没有招到审计人员。

集团人事部在国内主要招聘网站上发出招聘公告,招聘具有三年以上审计经验的内部审计人员。前来应聘的人员非常多,很多是会计师事务所的注册会计师。因为 A 集团公司在国内具有一定的知名度,想少一些出差的注册会计师愿意到 A 集团公司来做内审。但是外审和内审的差别还是很大的,有些注册会计师也不太懂内部审计,再加上目前集团注册会计师比较多,对于注册会计师来应聘的,除非条件特别优秀,否则,审计部一般不招聘。审计部希望招聘具有企业内部审计经验的人员,但是具有内部审计经验的人员比较少,尤其是懂内部控制与风险管理、懂内部审计的人更少。审计部计划 2019 年社会招聘 15 人,在 6 月份前入职 6 人,使得在集团审计部完成独立与整合时,审计人员达到 35 人。

学校毕业生招聘主要是招聘应届毕业生,发现好的审计苗子，为审计部培养后备人才。内部审计要发现问题、揭示风险、提出建议，因此对内部审计人员的要求较高，要求内部审计人员头脑比较清晰，逻辑能力较强。审计部选择了几所具有较高知名度的开设有审计硕士点的大学来有针对性地招聘。一方面是因为这些大学的审计学专业相对比较强，另一方面则是因为 A 集团公司想要借此机会加强与审计院校的合作。2019 年计划校招审计人员达到 15 人。

二、审计人员分组

按照集团审计独立与整合方案，根据国内业务和海外业务将审计部分成二块。国内业务又分为财务审计组、管理审计组、专项审计组，海外业务又分为海外业务一组、海外业务二组。审计部一共设五组，每组 9 到 11 人。之所以是 9 到 11 人，是出于集团扁平化管理的要求，组长或者主管至少要管理 8 人。这五个组又各自承担不同的职能。

财务审计组侧重于财务会计的真实性、合规性、完整性审计。在集团目前的管理模式下，绩效审计和会计核算规范性审计是财务审计的主要工作。由于集团公司的全部业务和所属公司的部分业务需要在财务共享中心核算，审计部也要根据 A 集团公司财务核算的特殊性，进一步规范和完善审计操作程序，实施调整审计重点，加大对预算外项目和尚未纳入财务共享中心管理的专项资金和会计账户的审计，改进审计方法，注重外围调查和延伸审计。另外，针对集团所有公司的税务申报缴纳的准确性进行审计，消除集团各公司的税务风险。财务审计组对审计人员的财务知识和税务知识要求较高，最好具有注册会计师资格。

管理审计组主要是发现经营管理中的无效或者低效问题,提供建议以改进管理效益和效率,促进集团达成战略目标。管理审计包括内部控制审计、风险管理审计、降本增效审计等。其中,内部控制审计和风险管理审计是管理审计组的常规审计工作。管理审计组对审计人员的管理经验和能力要求较高。

专项审计组包括信息系统审计、离任审计、工程审计以及舞弊审计等。专项审计组也负责处理审计部受到的举报,并协助纪委及其他监察部门进行舞弊调查。专项审计组的工作相对比较灵活,对人的综合能力要求较高。

海外业务一组主要侧重于审计流程、制度,并对境外投资的特有风险进行审计。A集团公司近年来加大了境外投资的力度,先后收购了两家海外制造企业,这两家企业都具有较好的管理制度。但是,这两家企业被收购过来后,很多重要的岗位人员都发生了更换,从集团派过去的管理人员不了解之前的管理制度和流程,也不愿意去遵循,因此导致很多流程和制度都需要重建。另外,境外投资业务面临的风险更大,审计部需要对这些风险进行审计。

海外业务二组主要侧重于财务审计和准则差异处理审计,对海外公司遵守集团会计政策、遵守当地会计准则和税收政策的情况进行审计。海外业务二组侧重于财务、税务的审计,业务相对于国内财务审计来说也要复杂很多,涉及不同国家的会计准则和税收政策。另外,对英语的要求也比较高。

三、定岗定责

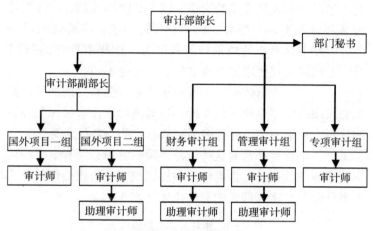

图 5-1 审计部岗位

到 2019 年 12 月 31 日，审计部将达到 51 人。其中，审计部正、副部长各 1 名、部门秘书 1 名，国外项目一组、二组各 9 人，国外审计共 18 人；财务审计组、管理审计组、专项审计组各 10 人，国内审计共 30 人。图 5-1 的岗位图与独立和整合方案一致。审计部部长 1 名，主持审计部工作，分管财务审计组、管理审计组、专项审计组；审计部副部长 1 名，分管国外项目一组、国外项目二组。国外项目一组、国外项目二组各设组长 1 人，审计师 8 人；财务审计组、管理审计组、专项审计组各设组长 1 人，审计师 9 人。根据各组的审计内容侧重点不同，审计的岗位和职责不同，对审计师的要求也不同。对于国外项目一组和专项审计组，

因为对审计人员的要求相对较高,不设助理审计师岗位。助理审计师主要是针对有审计理论基础但是内部审计工作时间在 3 年以下的人员设置的岗位。因为集团审计部有审计人员 50 人,涉及考勤、票务、档案管理等事项,有必要增设一名部门秘书,专职处理部门行政事务,这样审计部达到 51 人。不同的岗位要求的职责和任职条件也不同。

审计部是否有效率,关键在于是否有强有力的部长,部长必须取得集团总经理的支持,且对内部审计有很深的理解和认识。A 集团在境外很多国家都有业务,在墨西哥还建立了工厂,审计部部长对这些境外风险的管控必须有全面的认识,能够领导审计部为集团公司提供成本效益比最佳的高质量审计服务。审计部长的职位描述见表 5-1。

表 5-1　审计部部长职位描述

工作职责	1. 审计部负责人,全面指导和监督内部审计部门工作 2. 分管财务审计组、管理审计组、专项审计组 3. 制订集团审计部年度工作计划并定期更新 4. 定期向公司总经理报告工作 5. 负责制定审计部的各项规章制度 6. 审计报告的最终复核人 7. 负责与被审计单位就重大问题进行沟通 8. 负责后续审计的开展 9. 审计部信息化的建设者和设计者 10. 审计团队的招聘、培训和专业发展 11. 激励和指导审计人员

续表 5－1

关键胜任能力	1. 深入理解内部审计实务和原则 2. 具备较强的分析问题和解决问题的能力 3. 具备较强的领导能力和管理能力 4. 具备较强的人际交往、沟通和演讲技巧
技能要求	1. 大学本科以上学历，审计、会计或财务专业 2. 至少 7 年审计经验，其中内部审计经验不得少于 5 年 3. 具备高级职称 4. 具有国际内部注册审计师资格或注册会计师资格

审计部副部长协助审计部长指导和监督审计部，其工作职责、关键胜任能力、技能要求如表 5－2 所示。

表 5－2　审计部副部长职位描述

工作职责	1. 协助审计部部长指导和监督审计部 2. 分管海外审计业务 3. 负责海外审计年度工作计划制订并定期更新 4. 负责海外审计报告的复核 5. 负责海外审计工作质量 6. 与被审计单位就重大审计发现进行沟通 7. 定期向审计部部长报告工作
关键胜任能力	1. 具备丰富的内部审计知识和经验 2. 具备较强的分析问题和解决问题的能力 3. 具备较强的领导能力和行政管理能力 4. 具备较强的人际交往、沟通和演讲技巧 5. 英语流利

续表 5-2

技能要求	1. 大学本科以上学历，审计、会计或财务专业 2. 至少 5 年内部审计或事务所从业经验，至少 3 年内部审计经验 3. 具备中级职称 4. 应具有至少 1 年海外留学背景或海外工作背景 5. 具有国际内部注册审计师资格或注册会计师资格

审计组长是审计小组的负责人，根据审计部对每个小组的定位来实施审计。审计小组长向审计部部长报告工作，但是要指导和监督具体审计业务的开展，审计组长的职位描述见表 5-3。

表 5-3 审计组长职位描述

工作职责	1. 审计小组负责人，指导和监督审计师和助理审计师的工作 2. 执行审计计划，并做出计划调整申请 3. 指导审计师和助理审计师的现场审计工作 4. 复核审计工作底稿 5. 主持召开审计进场启动会、意见交流会等会议 6. 复核审计方案
关键胜任能力	1. 深入了解内部审计实务和原则 2. 具备一定的分析问题和解决问题的能力 3. 具备一定的领导能力和行政管理能力 4. 具备一定的人际交往、沟通和演讲技巧

续表 5-3

技能要求	1. 本科以上学历，审计、会计或财务专业 2. 至少 5 年内部审计或事务所从业经验 3. 具备中级职称 4. 具有国际内部注册审计师资格或注册会计师资格

审计师是审计部的业务骨干，是执行审计计划、实施审计项目方案的主要人员。负责现场的审计工作、审计证据的收集与分析、审计底稿的编制，其质量的高低直接关系到审计项目质量的高低。具有专业胜任能力和职业道德的审计师的数量直接影响了审计部的审计能力。审计师的职位描述见表 5-4。

表 5-4 审计师职位描述

工作职责	1. 审计师在审计组长的领导下，负责完成指定的内部审计任务 2. 制订或修改审计方案以达成审计目标 3. 按照经批准的审计方案实施内部审计 4. 负责审计工作底稿的编制 5. 指导和复核助理审计师的工作
关键胜任能力	1. 具备一定的分析问题和解决问题的能力 2. 具备一定的领导能力和行政管理能力 3. 具备一定的人际交往、沟通和演讲技巧
技能要求	1. 大专以上学历，审计、会计或财务专业 2. 至少 3 年内部审计或事务所从业经验 3. 能够独立工作 4. 能够熟练操作常用的办公软件 5. 具有国际内部注册审计师资格或注册会计师资格

集团内部审计独立与整合

助理审计师是审计部的后备力量,一般工作年限在三年以内,主要来源是应届毕业生,协助审计师完成审计任务,其职位描述见表5-5。

表5-5 助理审计师职位描述

工作职责	1. 协助审计师收集审计证据 2. 执行各类审计测试 3. 编制审计工作底稿
关键胜任能力	1. 思维比较清晰 2. 沟通能力较强 3. 具有一定的抗压能力
技能要求	1. 大专以上学历,审计、会计或财务专业 2. 熟练操作常用办公软件

部门秘书为审计部提供行政服务,并不一定要懂内部审计及相关知识。职位描述见表5-6。

表5-6 部门秘书职位描述

工作职责	1. 负责考勤记录,处理员工请假流程 2. 负责审计部员工出差的订票 3. 档案管理,负责保管已完审计项目的电子档案或纸质档案 4. 部长交代的其他职责

续表 5-6

关键胜任能力	1. 具备较强的人际交往、沟通能力 2. 熟练操作办公软件 3. 责任心强 4. 工作主动、积极
技能要求	1. 大专或以上学历 2. 优秀的办公软件处理技巧 3. 沟通能力强

根据不同岗位的工作职责，关键胜任能力和技能要求，4月底集团审计部完成对审计部29人的定岗定编，见表5-7。

表5-7 审计部定岗

序号	姓名	性别	年龄	专业	学历	专业资格	工作年限	内审经验	定岗水平
1	吕×	男	38	会计学	本科	高级会计师 注册会计师	15	7	审计部部长
2	李××	女	41	审计学	本科	高级会计师	18	5	审计部副部长
3	刘××	女	27	技术经济	本科	会计师	3	1	财务审计组助理审计师

续表 5-7

序号	姓名	性别	年龄	专业	学历	专业资格	工作年限	内审经验	定岗水平
4	许×	男	26	汉语言文学	大专	国际注册内部审计师	3	1	财务审计组助理审计师
5	袁××	女	30	会计	本科	ACCA	6	2	海外业务一组审计师
6	刘××	男	28	会计学	大专	注册会计师	5	1	财务审计组审计师
7	付××	女	36	金融与经济学	硕士	经济师	12	3	海外业务一组组长
8	张××	女	32	会计电算化	专科	会计师	11	3	专项审计组审计师
9	王××	男	29	会计学	本科	审计师、会计师	6	2	财务审计组审计师
10	刘××	女	45	财务管理	本科	会计师	22	3	管理审计组审计师

续表 5-7

序号	姓名	性别	年龄	专业	学历	专业资格	工作年限	内审经验	定岗水平
11	杜××	女	31	财务管理	硕士	—	6	1	海外业务二组审计师
12	李××	女	28	会计学	大专	会计师	6	1	管理审计组审计师
13	李××	男	24	会计	本科	—	1	1	财务审计组助理审计师
14	李××	女	47	旅游管理	本科	审计师	24	10	管理审计组组长
15	王××	女	38	审计	本科	—	15	6	管理审计组审计师
16	张××	女	26	会计	本科	—	3	1	财务审计组审计师

续表 5-7

序号	姓名	性别	年龄	专业	学历	专业资格	工作年限	内审经验	定岗水平
17	周××	男	26	会计	硕士	—	1	1	海外业务二组助理审计师
18	罗××	女	24	财务管理	本科	—	1	1	管理审计组助理审计师
19	王××	女	31	会计	本科	审计师	8	5	海外业务二组组长
20	马××	女	29	会计	大专	会计师	7	3	专项审计组审计师
21	冯××	男	26	财务管理	本科	—	3	3	管理审计组审计师

续表 5-7

序号	姓名	性别	年龄	专业	学历	专业资格	工作年限	内审经验	定岗水平
22	阎××	女	23	车辆工程	本科	—	1	1	财务审计组助理审计师
23	甘××	女	24	财政	本科	—	1	1	管理审计组助理审计师
24	叶××	女	27	金融	本科	经济师	4	1	财务审计组审计师
25	王×	男	32	会计学	大专	无	10	3	专项审计组审计师
26	王××	女	26	会计	本科	审计师	4	1	财务审计组审计师
27	王×	女	47	财务管理	本科	无	24	2	专项审计组审计师

续表 5-7

序号	姓名	性别	年龄	专业	学历	专业资格	工作年限	内审经验	定岗水平
28	马××	女	29	会计学	大专	无	7	1	专项审计组审计师
29	张××	女	39	经济学	本科	无	16	1	专项审计组审计师

第四节 章程和制度的订立

一、审计章程

审计章程是审计部开展工作的基本依据，是审计部工作获得集团授权的证明，是一份经过集团领导班子批准，描述审计部宗旨、独立性、客观性、审计范围、责任、权力和标准的正式文件。当被审计单位质疑为什么审计部要审查某些文件或要求到现场检查时，内部审计章程就会派上用处 (Moeller，2009)。因此，在审计部正式独立与整合后不久，审计部就开始制定审计章程。

根据审计章程，A集团公司内部审计的使命为：内部审计通过规范化和系统化的方法，对集团风险管理、内部控制以及管理流程的有效性进行评估并提出改善建议，从而帮助集团实现目标。为保持独立性和客观性，内部审计不参与公司日常内控流程，不作为审批流程的一个环节；直接向集团总经理报告工作。

内部审计的工作范围包括对风险管理、内部控制、信息系统和流程进行评价。为了履行职责，内部审计应当：识别和评估经营管理中的潜在风险；评价政策、计划、程序和目标遵循内部控制的适当性；评估财务和管理信息以及产生这些信息的支持系统的可靠性和安全性；评估资产安全防护措施；审查既定流程并提出改进建议；评估资源利用的经济性、效率性和效果性；对审计建议进行跟踪，确保已采取有效整改措施。

内部审计的目的在于促进成本的合理下降和改善企业的内控。为了达到这个目标，内部审计在执行工作时具有以下权限：可以自由出入下属公司的每一个部门，并且有权查阅所有对执行审计工作有帮助的文件或档案。有权要求相关员工以及管理人员在合理的时间内提供相关的解释及资料。就审计发现的问题提出建议。

内部审计部门应制订年度审计计划。在编制年度审计计划时，内部审计要考虑有关的业务风险和集团管理层的建议。年度审计计划要考虑风险评估、当前内审项目重要性的排列情况以及怎样开发这些内审项目的信息。内部审计计划应该得到集团总经理及集团班子会议的批准，在需要的情况下可以进行修改，但修改后的审计计划仍然应得到总经理的批准。

内部审计负责计划、执行、汇报以及跟进审计计划中所包含的所有内审项目，并且针对每一个项目决定其审计的范围以及执行的时间。

内部审计工作应该专业且及时地进行,内审结果的汇报应包含所有应得到各方认同的审计事实,以及所有有效的改善建议。一份详细的内部审计报告将汇总内部审计的目的、范围、观察所得及改善建议。在任何情况之下,内部审计部对改善内控提出的建议都应得到及时且足够的回应和跟进。

内部审计还应就发现的重大风险及相关控制等内审结果向管理层报告。内部审计人员应当独立于所审计单位的经营管理活动,客观地发表审计意见。未依法依规实施审计导致应当发现的问题未被发现并造成严重后果的应当追责。出具虚假审计报告和泄露商业秘密的应当追责。

A集团公司制定的内部审计章程如下。

A集团公司内部审计章程

一、内部审计的使命

内部审计的使命:内部审计通过规范化和系统化的方法,对集团风险管理、内部控制以及管理流程的有效性进行评估并提出改善建议,从而帮助集团实现目标。

二、独立性和客观性

为保持独立性和客观性,内部审计不参与公司日常内控流程,不作为审批流程的一个环节;直接向集团总经理报告工作。

三、工作范围和职责

内部审计的工作范围包括对风险管理、内部控制、信息系统和流程进行评价。为了履行职责,内部审计应当:

识别和评估经营管理中的潜在风险;

评价政策、计划、程序和目标遵循内部控制的适当性;

第五章 独立与整合执行

评估财务和管理信息以及产生这些信息的支持系统的可靠性和安全性；

评估资产安全防护措施；

审查既定流程并提出改进建议；

评估资源利用的经济性、效率性和效果性；

对审计建议进行跟踪，确保已采取有效整改措施。

四、内部审计的权力

内部审计旨在促进成本的合理下降和改善企业的内控。为了达到这个目标，内部审计在执行工作时具有以下权限：可以自由出入下属公司的每一个部门，并且有权查阅所有对执行审计工作有帮助的文件或档案。有权要求相关员工以及管理人员在合理的时间内提供相关的解释及资料。就审计发现的问题提出建议。

五、审计部任务

内部审计部门应制订年度审计计划。在编制年度审计计划时，内部审计要考虑有关的业务风险和集团管理层的建议。年度审计计划要考虑风险评估、当前内审项目重要性的排列情况以及怎样开发这些内审项目的信息。

内部审计计划应该得到集团总经理及集团班子会议的批准，在需要的情况下可以进行修改，但修改后的审计计划仍然应得到总经理的批准。

内部审计负责计划、执行、汇报以及跟进审计计划中所包含的所有内审项目，并且针对每一个项目决定其审计的范围以及执行的时间。

内部审计工作应该专业且及时地进行，内审结果的汇报应包含所有应得到各方认同的审计事实，以及所有有效的改善建议。一份详细的内部审计报告将汇总内部审计的目的、范围、观察所得及改善建议。在任何情况之下，内部审计部对于改善内控提出的建议都应得到及时且足够的回应和跟进。

内部审计还应就发现的重大风险及相关控制等内审结果向管理层报告。

六、责任

内部审计人员应当独立于所审计单位的经营管理活动，客观地发表审计意见。

未依法依规实施审计导致应当发现的问题未被发现并造成严重后果的应当追责。

出具虚假审计报告和泄露商业秘密的应当追责。

二、内部审计制度

为加强集团公司的内部监督和风险控制，规范内部审计工作，保障财务工作、会计核算和生产经营符合相关法律法规要求，提高生产经营效率和效果，结合集团公司实际，制定A集团公司内部审计制度。内部审计制度规定了集团内部审计工作的机构设置及职责、审计权限、内部审计工作程序和工作内容、内部审计人员管理、内部审计工作要求和奖罚等。

集团审计部是集团公司实行审计监督的唯一部门，集团公司内部审计工作在集团公司总经理领导下独立开展。集团成员公司为上市公司的，应设置独立的审计部，集团及下属公司的审计计划及实施由集团审计部统一安排。根据国家有

第五章 独立与整合执行

关规定，结合集团公司财务监督和经营管理工作的需要，审计部应当履行以下主要职责：制定内部审计工作制度；编制年度内部审计工作计划；对集团及所属公司的财务收支、财务预算、财务决算、资产质量、经营绩效以及其他有关的经济活动进行审计监督；组织对集团公司主要业务部门负责人和集团所属公司负责人进行任期或定期经济责任审计；组织对发生重大财务异常情况的集团及所属公司进行专项经济责任审计；对集团及所属公司基建工程和重大技术改造、大修等的立项、概（预）算、决算和竣工交付使用进行审计监督；对集团及所属公司的物资（劳务）采购、产品销售、工程招标、对外投资及风险控制等经济活动和重要的经济合同等进行审计监督；对集团及所属公司内部控制系统的健全性、合理性和有效性进行检查、评价和意见反馈，对有关业务的经营风险进行评估和意见反馈；对集团及所属公司内部信息系统的使用规范性及安全性进行审计监督；配合上级审计机关或外部审计机构对集团及所属公司的审计工作；通过对审计工作的量化和总结来提高集团及所属公司的经营管理水平和防范风险的能力；针对审计人员组织涵盖多种类型的业务培训与学习交流以提升职业素质和专业水平，搭建学习型的内部审计团队；其他要求或关注的审计工作。

保障集团审计部充分履行职责的主要权限是：审计部部长列席集团年度、年中经营工作会、集团公司计划审核会，审计部审计师以上人员有权根据需要参与集团所属公司的各类经营管理会议；检查被审计单位会计账簿、报表、凭证和现场勘察相关资产，有权查阅并索取有关生产经营活动等方面的文件、会议记录、计算机软件等相关资料；对与审计事项有关的部门和个人进行调查，并取得相关证明材料；对正在进行的严重违法违规和严重损失浪费行为，可做出临时制止决定，并及时向集团公司总经理报告；对阻挠、妨碍审计工作以及拒绝提供有关资料的情况，经集团公司总经理批准，可以采取必要的临时措施，并提出追究有关人员责任的建议；对违反财经法规和集团公司管理规定的事项提出处理意见，报集团公司总经理批准后下达给被审计单位，同时报送相关业务主管部门督促执行；对被审计单位，提出改进经营管理、提高经济效益的建议；集团公司董事长和总经理在管理权限范围内，授予内部审计机构其他必要的处理权或者处罚权。审计部有权依法行使职权和履行职责，集团公司内部各职能机构及集团所属公司应当积极配合内部审计工作。任何组织和个人不得对认真履行职责的内部审计人员进行打击报复。

集团公司审计部根据国家有关规定，结合集团公司实际情况，制订年度审计工作计划，对内部审计工作做出合理安排，报经集团公司总经理审核批准后实施。内部控制审计应当以风险评估为基础，根据风险发生的可能性和对组织单个或者整体控制目标造成的影响程度，确定审计的范围和重点；内部审计人员应当关注串通舞弊、滥用职权、环境变化和成本效益等内部控制的局限性。内部控制审计应当在对内部控制全面评价的基础上，关注重要业务单位、重大业务事项和高风险领域的内部控制。

集团公司审计部制订具体年度审计计划要充分考察以下因素：公司战略与经营方针，集团公司当前的工作重点和经营大事，审计风险和内部管理需要，内部审计事项的重要性

第五章 独立与整合执行

与紧急性、效率性与效果性,审计资源。

集团公司审计部根据批准的年度审计计划,确定审计对象,拟定具体审计工作计划,做好审计准备。集团公司审计部应当于实施审计的前三个工作日向被审计单位送达审计通知书。对于需要突击执行审计的特殊业务,审计通知书可在实施审计时送达。被审计单位接到审计通知书后,应当做好接受审计的必要准备。集团公司审计部应当与被审计单位进行结果沟通以保证审计结果的客观、公正,并取得被审计单位的理解和认可。集团内部审计机构出具审计报告前应当与被审计单位交换审计意见。被审计单位有异议的,应当自接到审计报告之日起五个工作日内提出书面意见;逾期不提出的,视为无异议。被审计单位对审计结果持有异议,如果是对审计问题提出了其他解释或者新的情况的,审计人员应重新收集证据进行分析。被审计单位对审计问题难以提出有力的反驳理由,但是经协调仍不认可审计报告的,应当将审计报告与被审计单位意见一并报集团公司总经理协调处理。

审计部在提交审计报告时,应该考虑已经发现的问题是否对集团发展有重要不利影响、问题出现的主观与客观原因,提出对相关责任人的处理意见,形成审计决定,连同审计报告一起上报集团公司总经理批准。经批准后三日内,审计部向被审计单位下达审计决定。被审计单位对审计决定如有异议,可在接到审计决定之后三日内向总经理提出申诉,申诉期间已下发的审计决定照常有效。被审计单位对审计结论提出异议,报经集团公司总经理批准后可以进行复审。在复审中如发现隐瞒或漏审、错审等情况,应重新做出审计决定。复审决定为终审结论和决定,被审计单位应当执行。集团公司审计部对审计项目应当进行后续审计监督,督促检查被审计单位对审计意见的采纳情况和对审计决定的执行情况。集团公司审计部对已办结的内部审计事项,应当按照国家档案管理规定建立审计档案。

集团公司审计部根据实施内部审计种类设置专业岗位,组建国外项目一组、国外项目二组、财务审计组、管理审计组、专项审计组,审计项目组的人员可根据工作需要相互调配。

集团公司审计部负责人由集团公司总经理任免。审计部的负责人应当具备高级专业技术职称资格,内部审计人员应当具备审计岗位所必备的会计、审计、管理等专业知识和业务能力。内部审计人员专业技术职务资格的考评和聘任,按照国家和集团公司的有关规定执行。内部审计人员应当接受继续教育和培训,掌握现代审计技术方法和手段,不断提高胜任能力。

为保证内部审计质量,内部审计机构负责人和审计项目负责人应当对实施审计工作的审计人员在项目审计的全过程(包括审计准备、审计实施、审计终结、审计报告)进行督导。

内部审计人员在针对评估的风险实施进一步审计程序时,可以适当借调集团内部相关机构熟悉情况的业务人员参加。

集团审计部应当根据本制度组织开展内部审计工作,并对其出具的内部审计报告的客观真实性承担责任。为保证内部审计工作的独立、客观、公正,内部审计人员与审计事项有利害关系的,应当回避。内部审计的工作报告及成果,除

第五章　独立与整合执行

法律法规限定的法定义务外，未经集团公司总经理批准，不得向外泄露任何内容。

内部审计人员应当严格遵守审计职业道德规范，坚持原则、客观公正、恪尽职守、保持廉洁、保守秘密，不得滥用职权、徇私舞弊、泄露秘密、玩忽职守。内部审计人员在实施内部审计时，应当在深入调查的基础上，采用检查、抽样和分析性复核等审计方法，获取充分、相关、可靠的审计证据，以支持审计结论和审计建议。制定内部审计质量控制制度，通过实施督导、分级复核、审计质量内部评估、接受审计质量外部评估等，保证审计质量。内部审计根据需要为集团公司及集团公司所属企业提供财务和管理方面的咨询，共同促进集团公司经营管理目标的实现。

内部审计机构和内部审计人员应保护审计资料的安全和隐私。内部审计人员使用笔记本电脑办公，内部审计工作底稿和审计报告无纸化。笔记本电脑本身有价值，但其主要价值却是系统文件内的内部审计信息。工作底稿安全始终是一个问题，内部审计机构和人员应保护电子工作底稿的安全，一旦审计任务完成且文档经过审核批准，就不得再进行任何变更。以前的工作底稿应该存入安全的文档存储库。审计报告的发布也存在隐私问题，应关注审计报告的安全与保护，以避免未经授权的人员接触内部审计报告。

对于认真履行职责、忠于职守、坚持原则、做出显著成绩的内部审计人员，集团公司给予奖励和表扬。对于滥用职权、徇私舞弊、玩忽职守、泄露秘密的内部审计人员，造成损失或不良影响的，应视其情节轻重和损失大小，给予行政纪律处分。对于打击报复内部审计人员者，不论其职位高低,由集团公司总经理视情节严重情况,给予行政纪律处分。被审计单位相关人员不配合内部审计工作、拒绝审计或者不提供资料、提供虚假资料、拒不执行审计意见(决定)的,由集团公司视情节严重程度,给予行政纪律处分;涉嫌犯罪的,依法移交司法机关处理。被审计单位不按照本制度要求进行备案的事项,直接由集团审计部对相应责任人进行相应经济处罚,并视情节严重和主观态度,建议集团总经理给予其行政纪律处分。

A集团公司制定的内部审计制度如下。

A集团公司内部审计制度

1 目的和内容

为加强集团公司的内部监督和风险控制,规范内部审计工作,保障财务工作、会计核算和生产经营符合相关法律法规要求,根据《中华人民共和国审计法》《中华人民共和国审计法实施条例》《审计署关于内部审计工作的规定》《内部审计基本准则》以及国家其他相关法律法规,结合集团公司实际,制定本制度。

本制度规定了集团内部审计工作的机构设置及职责、审计权限、内部审计工作程序和工作内容、内部审计人员管理、内部审计工作要求和奖罚等。

2 术语

本制度所称内部审计,是一种独立、客观的确认和咨询活动,它通过运用系统、规范的方法,审查和评价集团的业务活动、内部控制和风险管理的适当性和有效性,以促进组织完善治理、增加价值和实现目标。

第五章 独立与整合执行

3 机构设置及职责

3.1 集团审计部是集团公司实行审计监督的唯一部门；集团公司内部审计工作在集团公司总经理领导下独立开展。

3.2 集团成员公司为上市公司的，应设置独立的审计部，其他公司的审计由集团审计部统一安排。

3.3 根据国家有关规定，结合集团公司财务监督和企业管理工作的需要，集团内部审计部应当履行以下主要职责：

3.3.1 制定内部审计工作制度，编制年度内部审计工作计划；

3.3.2 按集团公司内部分工组织或参与组织年度财务决算的审计工作，并对企业年度财务决算的审计质量进行监督；

3.3.3 对国家法律法规规定不适宜或者未规定须由社会中介机构进行年度财务决算审计的有关内容组织内部审计；

3.3.4 对集团公司及集团公司直属公司的财务收支、财务预算、财务决算、资产质量、经营绩效以及其他有关的经济活动进行审计监督；

3.3.5 组织对集团公司主要业务部门负责人和集团公司直属企业负责人进行任期或定期经济责任审计；

3.3.6 组织对发生重大财务异常情况的集团公司所属企业进行专项经济责任审计；

3.3.7 对集团公司及集团公司所属企业基建工程和重大技术改造、大修等的立项、概（预）算、决算和竣工交付使用进行审计监督；

3.3.8 对集团公司及集团公司所属公司的物资（劳务）采购、产品销售、工程招标、对外投资及风险控制等经济活动和重要的经济合同等进行审计监督；

3.3.9 对集团公司及集团公司所属公司内部控制系统的健全性、合理性和有效性进行检查、评价和意见反馈,对有关业务的经营风险进行评估和意见反馈;

3.3.10 对集团公司及集团公司所属公司内部信息系统的使用规范性及安全性进行审计监督;

3.3.11 协助上级审计机关或外部审计机构对集团有限公司的审计工作;

3.3.12 通过对审计工作的量化和总结来提高企业的经营管理水平和防范风险的能力;

3.3.13 针对审计人员组织涵盖多种类型的业务培训与学习交流以提升职业素质和专业水平,搭建学习型的内部审计团队;

3.3.14 集团及集团所属公司应当构建合理、先进、适宜的内部审计管理体系,指导内部审计工作开展,持续提升内部审计工作质量、不断促进内部审计目标实现;

3.3.15 完成集团公司董事长和总经理要求或关注的其他审计事项。

4 审计权限

4.1 保障集团公司内部审计机构充分履行职责的主要权限是:

4.1.1 列席集团年度、年中经营工作会、集团直属公司计划审核会,审计主管及以上人员应当参加集团直属公司年度、年中经营分析会和总结会。参与协助企业有关业务部门研究制定和修改企业有关规章制度并最终审核及督促落实;

4.1.2 检查被审计单位会计账簿、报表、凭证和现场勘察相关资产,有权查阅并索取有关生产经营活动等方面的文

件、会议记录、计算机软件等相关资料;

4.1.3 对与审计事项有关的部门和个人进行调查,并取得相关证明材料;

4.1.4 对正在进行的严重违法违规和严重损失浪费行为,可做出临时制止决定,并及时向集团公司总经理报告;

4.1.5 对阻挠、妨碍审计工作以及拒绝提供有关资料的情况,经集团公司总经理批准,可以采取必要的临时措施,并提出追究有关人员责任的建议;

4.1.6 对违反财经法规和集团公司管理规定的事项提出处理意见,报集团公司总经理批准后下达给被审计单位,同时报送相关业务主管部门督促执行;

4.1.7 对被审计单位,提出改进经营管理、提高经济效益的建议;

4.1.8 集团公司董事长和总经理在管理权限范围内,授予的内部审计机构其他必要的处理权或者处罚权。

4.2 集团公司董事长和总经理保障内部审计机构和人员依法行使职权和履行职责;集团公司内部各职能机构及集团公司所属企业应当积极配合内部审计工作。任何组织和个人不得对认真履行职责的内部审计人员进行打击报复。

5 内部审计工作程序

5.1 集团公司内部审计机构根据国家有关规定,结合集团公司实际情况,制定年度审计工作计划,对内部审计工作做出合理安排,报经集团公司总经理审核批准后实施。

5.1.1 内部控制审计应当以风险评估为基础,根据风险发生的可能性和对组织单个或者整体控制目标造成的影响程度,确定审计的范围和重点;内部审计人员应当关注串通舞弊、滥用职权、成本效益等内部控制的局限性。

5.1.2 内部控制审计应当在对内部控制全面评价的基础上,关注重要业务单位、重大业务事项和高风险领域的内部控制。

5.2 集团公司内部审计机构制定具体年度审计计划的程序为:自上而下逐级下达审计工作要求、自下而上逐级编报审计工作计划草案及自上而下逐级核定下达审计工作计划。计划的制定应充分考察以下因素:

5.2.1 公司战略与经营方针;

5.2.2 集团公司每个阶段的核心工作;

5.2.3 审计风险和内部管理需要;

5.2.4 内部审计事项的重要性与紧急性,效率性与效果性;

5.2.5 审计资源。

5.3 集团公司内部审计机构根据批准的年度审计计划,确定审计对象,拟定具体审计工作计划,做好审计准备。

5.4 集团公司内部审计机构应当于实施审计的前三个工作日,向被审计单位送达审计通知书。对于需要突击执行审计的特殊业务,审计通知书可在实施审计时送达。

5.4.1 被审计单位接到审计通知书后,应当做好接受审计的必要准备。

5.5 集团内部审计机构应当与被审计单位进行结果沟通以保证审计结果的客观、公正,并取得被审计单位的理解。

5.5.1 集团内部审计机构出具审计报告前应当与被审计单位交换审计意见。被审计单位有异议的,应当自接到审计报告之日起五个工作日内提出书面意见;逾期不提出的,视为无异议。被审计单位对审计结果持有异议,审计项目负责人及相关人员应进行研究、核实。

5.6 被审计单位若对审计报告有异议且无法协调时,应当将审计报告与被审计单位意见一并报集团公司总经理协调处理。

5.7 审计报告上报集团公司总经理审定后,根据集团领导的批示,向被审计单位下达审计意见(决定)。

5.8 被审计单位对审计意见(决定)如有异议,可在接到审计意见(决定)之后三日内向总经理提出申诉,申诉期间已下发的审计意见(决定)照常有效。

5.9 被审计单位对审计结论提出异议,报经集团公司总经理批准后可以进行复审。在复审中如发现隐瞒或漏审、错审等情况,应重新做出审计意见(决定)。复审意见(决定)为终审结论和决定,被审计单位应当执行。

5.10 集团公司审计机构对审计项目应当进行后续审计监督,督促检查被审计单位对审计意见的采纳情况和对审计决定的执行情况。

5.11 集团公司审计机构对已办结的内部审计事项,应当按照国家档案管理规定建立审计档案。

6 内部审计工作内容

6.1 集团公司内部审计机构根据实施内部审计种类设置专业岗位,组建专项审计项目组,审计项目组的人员可根据工作需要相互调配。

6.2 集团公司内部审计机构应结合审计职责组织实施各项审计工作。

7 内部审计人员

7.1 集团公司审计部负责人由集团公司总经理任免。

7.2 内部审计人员应当具备审计岗位所必备的会计、审计、管理等专业知识和业务能力；内部审计机构的负责人应当具备高级专业技术职称资格。

7.3 内部审计人员专业技术职务资格的考评和聘任，按照国家和集团公司的有关规定执行。

7.4 内部审计人员应当接受持续教育和培训，掌握现代审计技术方法和手段，不断提高胜任能力。

7.5 为保证内部审计质量，内部审计机构负责人和审计项目负责人应当对实施审计工作的审计人员在项目审计的全过程（包括审计准备、审计实施、审计终结、审计报告）进行督导。

7.6 内部审计人员在针对评估的风险实施进一步审计程序时，可以适当借调集团内部相关机构熟悉情况的业务人员参加。

8 内部审计工作要求

8.1 内部审计机构应当根据本制度组织开展内部审计工作，并对其出具的内部审计报告的客观真实性承担责任。

8.2 为保证内部审计工作的独立、客观、公正，内部审计人员与审计事项有利害关系的，应当回避。

8.3 内部审计的工作报告及成果，除法律法规限定的法定义务外，未经集团公司总经理批准，不得向外泄露任何内容。

8.4 内部审计人员应当严格遵守审计职业道德规范，坚持原则、客观公正、恪尽职守、保持廉洁、保守秘密，不得滥用职权、徇私舞弊、泄露秘密、玩忽职守。

8.5 内部审计人员在实施内部审计时，应当在深入调查的基础上，采用检查、抽样和分析性复核等审计方法，获取充分、相关、可靠的审计证据，以支持审计结论和审计建议。

8.6 制定内部审计质量控制制度，通过实施督导、分级复核、审计质量内部评估、接受审计质量外部评估等,保证审计质量。

8.7 内部审计结果应当为集团公司及集团公司所属企业提供财务和管理方面的咨询,共同促进集团公司经营管理目标的实现。

9 安全与隐私

9.1 内部审计人员必须以安全和保密的方式保存审计证据材料及其他审计档案。

9.2 内部审计人员应妥善保管笔记本电脑,对笔记本电脑的安全负责,防止出现丢失或者被盗的情况;不允许家庭成员使用,以避免删除或损坏文件。

9.3 内部审计人员的笔记本电脑应当每天备份。

9.4 内部审计人员的笔记本电脑应当安装集团统一采购的杀毒软件。

9.5 内部审计人员要及时对工作底稿归类、存储并保证工作底稿的安全。

9.6 内部审计人员应关注对审计报告的安全和保护,以避免未经授权的人员获得审计报告。

10 奖罚

10.1 对于认真履行职责、忠于职守、坚持原则、做出显著成绩的内部审计人员,集团公司给予奖励和表扬。

10.2 对于滥用职权、徇私舞弊、玩忽职守、泄漏秘密的内部审计人员,造成损失或不良影响的,应视其情节轻重和损失大小,给予行政纪律处分;涉嫌犯罪的,依法移交司法机关处理。

10.3 对于打击报复内部审计人员者,不论其职位高低,由集团公司总经理视情节严重情况，给予行政纪律处分；涉嫌犯罪的，依法移交司法机关处理。

10.4 被审计单位相关人员不配合内部审计工作、拒绝审计或者不提供资料、提供虚假资料、拒不执行审计意见（决定）的，由集团公司视情节严重程度，给予行政纪律处分；涉嫌犯罪的，依法移交司法机关处理。

10.5 被审计单位不按照本制度要求进行备案的事项，直接由集团审计部对相应责任人进行相应经济处罚，并视情节严重和主观态度，建议集团总经理给予其行政纪律处分。

11　附则

11.1 本制度于 2019 年 × 月 × 日起正式实施。

三、其他审计制度的制定

根据集团独立与整合方案，审计部人员在 4 月底集中办公。由于新调入集团审计部的人员之前承担的工作可能还没有结束，原单位也可能还需要这些人员继续承担一些新的工作，以减少对原单位的影响，因此在 6 月底之前对新调入集团审计部的人员实行双重管理。这样一来，在 6 月底之前，虽然审计人员集中在一起办公，但是审计部内部的工作还涉及不同的单位和部门，还需要很多沟通和协调，审计部的工作还没有真正整合。在这一阶段，审计部只制定了内部审计章程和内部审计管理制度。

在 6 月底独立与整合完成后，审计人员全部归属于集团审计部统一管理，审计部将开始规范内部审计工作，提高审计质量。规范内部审计工作主要是通过建立和健全流程支持制度、业务制度和质量管理制度,并督促这些制度能够得以执行和实施来展开。审计制度的制定任务分解到审计部不同的组,由其负责起草、组织讨论和修改,然后根据制度涉及的范围不同由审计部部长或者集团总经理发布。制度的完成时间在 2019 年 7 月到 12 月,本身不属于独立与整合阶段要完成的工作。审计部制度制订计划表如表 5-8 所示。

表 5-8 审计部制度制订计划表

规范对象		制度名称	责任人	完成时间
流程支持制度	审计计划阶段	《集团审计计划管理规范》	国外项目一组	2019 年 7 月
		《集团审计通知书管理规范》	国外项目二组	2019 年 7 月
	审计实施阶段	《集团审计抽样管理规范》	财务审计组	2019 年 8 月
		《集团分析程序管理规范》	财务审计组	2019 年 10 月
		《集团审计证据管理规范》	财务审计组	2019 年 12 月
		《集团审计工作底稿管理规范》	财务审计组	2019 年 11 月
		《集团审计工具运用管理规范》	财务审计组	2019 年 11 月
	审计报告阶段	《集团审计结果沟通管理规范》	专项审计组	2019 年 11 月
		《集团审计报告管理规范》	财务审计组	2019 年 11 月
	问题整改阶段	《集团跟进建议及后续审计管理规范》	专项审计组	2019 年 11 月

续表 5-8

规范对象		制度名称	责任人	完成时间
业务制度	内部控制审计	《内部控制审计评价管理办法》	管理审计组	2019年12月
	绩效审计	《经营业绩考核与审计管理办法》	财务审计组	2019年10月
	信息系统审计	《集团信息系统审计管理办法》	专项审计组	2019年11月
	舞弊审计	《集团专项舞弊审计管理办法》	专项审计组	2019年10月
	经济责任审计	《集团经济责任审计管理办法》	财务审计组	2019年11月
	其他专项审计	《集团其他专项审计管理办法》	专项审计组	2019年10月
	后续审计	《后续审计管理办法》	管理审计组	2019年12月
质量制度	质量控制	《集团审计质量控制制度》	管理审计组	2019年12月
	监督外部审计	《对外部审计机构的监督制度》	管理审计组	2019年11月

第五章 独立与整合执行

第五节 审计程序的明确与规范

Moeller（2009）指出，有效的内部审计要求内部审计师应该充当集团领导的"耳"与"目"。为了完成审计部的使命，管控集团的风险，增加集团价值，这些都要求高质量的审计标准。审计部应建立规范的审计程序和流程，约束内部审计人员的职业活动，从而提高审计的专业水准。比如，内部审计师应走进生产基地，观察设备运转与记录情况，了解企业运营，为管理层提供报告。在此基础上，内部审计师可以观察并形成对支持性内部控制的认知并决定设计和实施恰当的测试来评估该内部控制。

审计部的常规审计程序包括制订审计计划、实施审前调查、设定审计项目详细计划、实地进行测试工作、记录并讨论所发现的问题，提出改善建议并上报所发现的问题，后续跟进审计工作。每个阶段都有审计资源的投入，也要输出审计成果。图5-2列出了A集团公司审计常规程序以及每个阶段的审计成果和相关方。

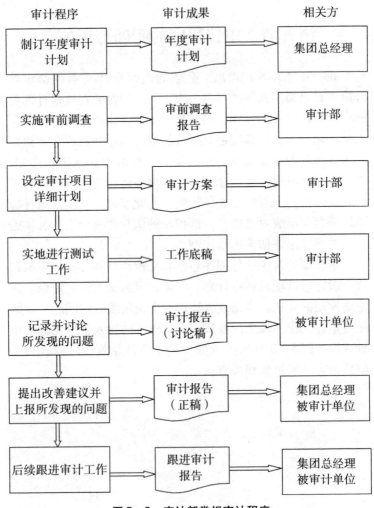

图 5-2 审计部常规审计程序

第五章 独立与整合执行

一、制订年度审计计划

审计部存在的价值就是提高集团风险管控能力，帮助集团实现经营目的。审计部的价值贡献必须获得集团的认可和支持，否则审计部很快就会边缘化，正如在独立与整合之前那样。因此，审计部一定要有很强的服务意识。审计部是在为集团管理层、集团业务层提供服务，其目绝不是为了监控，更不能让人误解为讨人嫌的麻烦制造者。审计部要根据集团管理层、其他部门和人员的需要提供审计这种服务，并且审计人员要不断改进服务质量，更好地满足集团审计需求。正是站在这个立场上，审计计划应该充分考虑集团领导关心的问题、管理上的难点问题，根据集团经营战略、年度经营重点、集团经营业务风险大小、各二级单位的审计需求等来汇总集团各类审计需求。审计部必须摒弃基于目前的审计资源来确定审计计划的情况，因为这会导致审计部干的工作不一定是公司发展需要的，不一定是管理层所期望的，最终会导致审计部脱离经营管理实际，变得孤立，也难以获取更多的人力资源和经费。

审计部部长是年度审计计划制订、调整和执行的负责人。每年年末，审计部以组为单位，向集团内各层次管理部门发出审计需求表，统计集团各层次管理层对审计的需求，各小组在内部讨论的基础上，形成各组的审计计划，审计部在各小组审计计划的基础上进行综合考虑，特别是考虑集团领导班子关心的风险，最终形成审计计划，报集团总经理及集团领导办公会议批准。

审计计划要定期进行更新。一些企业把审计计划的执行情况作为衡量审计部工作业绩好坏的一个指标，这种做法在企业经营环境和生产经营没有变化的情况下可能是合适的。但是，在当今快速变化的商业环境下，固守前期做出的计划而不是根据情况的变化来调整，可能导致审计工作偏离企业经营发展的方向。因此既要制订审计计划，也要给审计计划调整的空间。A集团公司不以审计计划的执行情况来衡量审计工作的业绩。为了确保审计计划的有效性，A集团公司审计部编制3个月的滚动审计计划，审计计划每个月或者每3个月就应该滚动调整一次。每次调整更新都要及时报送集团总经理批准。

审计工作要根据更新后的审计计划及时展开。审计部部长全面负责审计计划。一方面要考虑审计计划执行的结果情况；审计人员花费了很多精力，最终却并没有发现有价值的问题或风险点，这可能说明审计计划制订的合理性不够。另一方面要考虑审计计划的轻重缓急，侧重于发现管理上能够提高的地方。A集团审计部的最高管理层是总经理，就决定了内部审计应该是以防范风险、加强管控、提升管理能力为主线。如果过多关注公司治理，即使发现了问题，问题也难以得到解决，也达不到审计的目的。

二、审前调查

审前调查是为了摸清被审计单位的实际经营情况，了解存在的大致问题和风险点，以便计划如何开展进一步的审计工作。通常，审计人员可以采用实地查看生产经营场所、检查组织结构图、访谈相关人员、审阅会计报表等方法来开展审前调查。有时，审计时间非常紧，审计人员接到任务就开始进行审计，即使在这种情况下，审计人员也应该尽量安排1～2天进行审前调查，以便对审计单位有一个初步了解，以更好地确定风险点，合理确定审计范围和审计重点，从而使得审计工作有的放矢。即使审计人员之前已经审计过被审计单位，也需要进行审前调查，因为被审计单位的信息系统、被审计单位的业务、被审计单位的制度流程和管理人员可能已经发生了变化。比如，库存管理系统已经更换，原计划对旧系统的审计就应该终止；而对新系统的审计又涉及审计人员的技术和能力问题，进一步审计将可能导致审计人员和审计时间的调整。

审前调查应该形成一个结果汇总表，这个结果应该分成几个部分反映，包括被审计单位的经营范围、经营状况、管理层绩效考核情况、制度建设情况、信息化建设情况、存在的主要问题等方面。审前调查报告应该对被审计单位的风险管理、内部控制、财务管理状况发表一个意见，以帮助内部审计人员在对全局有基本认识的基础上，关注重要的风险和对经营战略的实现有重要影响的问题。

三、制订审计项目详细计划

审计方案详细地描述审计的具体方案，有助于内部审计把有限的资源投入到审计的工作重点中，提高审计工作的效率。在进行审前调查后，审计组组长应根据审前调查报告来编制审计实施方案。审计实施方案应当重点考虑：审计目标和范围；审计内容和重点；审计程序和方法；审计组成员的组成以及分工；审计时间进度计划；审计工作要求。审计方案应该报经审计部部长批准。

因为审计方案的编制往往在被审计单位的现场完成,此时内部审计人员往往已经进入审计现场,工作也已经开始,而审计方案还需要一定的时间才能得到审计部部长的批准,因此在实际审计中,审计组长应该把审前调查发现的重大情况或新的问题以及审计应提前通过电话或者邮件及时通知审计部部长,以取得审计部部长对审计方案的认可。一般来说,对于审计部以前曾经开展的审计业务,运用到新的被审计对象时,在审计目标和范围没有大变化的情况下,审计程序和方法也不应该有大的调整。

四、实地进行测试工作

在审计现场,内部审计可以通过观察、检查、询问、监盘、发函询证等方法实施审计。观察一般是指对审计现场、生产经营场所、办公地点的观察,以及对员工工作纪律的观察。具体来说,通过观察工厂的整洁卫生情况,防火防盗设施的配置情况可以大致了解企业的管理状况;通过观察员工上班的精神面貌,可以大致对公司的工资福利情况有个判断;通过观察员工是否遵守制度、佩戴安全帽等,可以大致判断员工纪律的遵守情况。检查主要是对文件资料的复核。监盘作为一种综合的审计方法,包括观察、询问、检查等多种审计方法。因为注册会计师每年都要审计集团及下属公司的财务报告,为了避免审计工作的重复,集团审计部的工作重点并不在于审计财务系统,因此,发函询证的方式采用得并不多。

审计人员可以通过查看经济文件原件并复印、拍照等方法取得证明材料,也可通过重新计算等方式来获取证明材料。当审计人员观察现场时,就可以采用拍照、撰写观察记录等方式留下审计证据,对于审计询问,应该留下询问记录。一般情况下,如果审计人员一边询问一边记录,可能会导致另一方不愿意提供更多的信息,因此审计人员可以在询问后再进行记录。与审计事项有关的会议和会谈内容也应该做会议纪要。总之,审计部应该记录审计实施过程和查证结果。

审计人员应当按照规定的权限和程序获取审计证据,准确、完整记录审计证据的名称、来源、内容、获取时间等信息;采集被审计单位电子数据作为审计证据的,还应当记录电子数据的采集和处理过程。内部审计人员向有关单位和个人调查取得的证明材料,应当取得提供者的签名或者盖章确认;确实无法取得的,内部审计人员应当注明原因并签名确认。

工作底稿是内部审计工作过程中搜集的合同、报告、会计记录和其他证明性材料等书面记录材料的汇总,包括审前调查、审计方案、分析材料和文件复印件,是审计意见发表和形成的依据。对于内部审计,工作底稿的编制应该简单、实用,具有一定的灵活性,但是必须规范,逻辑要严密。对于审计报告中提到的问题,要能很快追索到具体的审计工作底稿。在A集团独立与整合之前,审计部的工作底稿类似于审计工作笔记,仅将发现的问题逐项记录,对着证据拍个照片放在问题下面做个支撑,有时审计工作底稿直接就作为审计报告使用。这种审计工作底稿的优点是快捷、简单,但是缺乏一个审计的完整过程,不清楚审计人员的审计目的和具体执行了哪些审计程序,审计工作难以复核,审计质量也难以保证。在审计部独立与整合后,审计工作底稿的作用应该得以强化,底稿应该充分描述完整的审计过程,记录审计过程中执行了哪些程序,是否发现异常和问题。对于没有发现异常和问题的审计程序和审计结果也应该记录下来,以告诉工作底稿的复核者或者阅读者,审计人员已经执行了这项程序但没有发现异常和问题。可以说,高质量的审计工作底稿是高质量审计工作的保障。

五、记录并讨论所发现的问题

审计人员应该就发现的问题与被审计单位的管理层进行讨论,听听他们对问题的解释。有时候被审计单位并不认可审计人员发现的问题,会说"这是行业惯例","大家都这么做","从来没有出过事"。有时候,被审计单位的做法只是应对上级的需要,是在"认真地走形式",认真倾听的审计人员很快就会发现,集团上级单位和下级单位在利益方面有时是有冲突的,最终导致一些异常行为的出现。比如,集团某销售公司为了扩大销售市场份额,需要增加广告费开支,但是其上级公司不批准。正常情况下,上级不批准,销售公司就不可以推广了,但是销售公司面临着巨大的考核压力,市场上产品竞争激烈,销售公司只能自己想办法。一个常用的方法就是找一家广告公司,签订合同,先做推广活动,发票和付款安排在以后。这种操作事实上形成了公司的隐藏债务。隐藏债务的出现也会导致"小金库"等其他违规违法问题的出现。这种情况发生的根源就在于销售公司的广告费用审批权到底应该在销售公司还是在上级公司?审计部在这里就可以发挥上传下达的作用,及时将情况报告给集团领导，其作用十分特殊。审计人员的建议会推动公司制度的完善，减少管理层之间的利益冲突，也避免了更多违规行为的发生。

审计人员要具有营销思维，勇于宣传自己，撰写具有说服力的审计建议。对于审计发现的问题，首先是证据要实，经得起推敲；其次是问题的影响要客观描述，比如因为销售公司广告费得不到上级公司批准导致销售公司隐藏债务及其他违规问题出现，不仅影响销售公司的积极性，也给管理层违规或者舞弊提供了借口。最后是建议要合理，上级公司既然对下属的销售公司进行收入、利润考核，就不应该再严格控制其广告费的比例。如果上级公司担心广告费的真实性，审计部可以安排专项审计来检查广告费的开支情况。

六、提出改善建议并上报所发现的问题

在审计部提出改善建议，并得到被审计单位主要负责人认可后，就要将审计报告提交给集团总经理。审计报告的核心内容就是审计发现及其潜在的风险、管理层的改进计划。表5-9列示了审计发现、风险及影响、改善建议、管理层的回应、负责单位、改进计划。

表5-9　审计发现及其潜在的风险

	审计发现	风险及影响	改善建议	管理层的回应	负责单位	改进计划
1						
2						

改进计划对后续的跟进审计有很重要的作用，改进计划

一定要具体，要可以衡量，有时间进度，可以实现。比如，被审计单位没有建立一项制度，如果改进计划是"被审计单位管理层应该在一个月内制定该项制度"，这就可能不是一个很好的改进计划。因为审计人员要求建立制度的目的是改善管理，便于执行。如果改进计划仅仅是要制定一项制度，被审计单位很快就可以从网上复制粘贴出一项制度。虽然被审计单位执行了改进计划，但这并不是审计人员需要的。审计人员应该在改进计划里进一步列出制度制定的重要关注点以及要达到的目标，以及制度制定的时间进度。

七、跟进审计工作

在审计报告正式签发后三个月左右，审计人员应该执行后续跟进审计，检查被审计单位承诺改进计划的落实情况。由于审计人员是对照上次审计的结果去检查，主要是检查改进事项，后续审计一般不涉及新的审计任务。然而，在执行后续审计时，审计人员还是应该关注被审计单位出现的新变化并衡量改进计划的适用性。

跟进审计应先取得被审计单位的反馈，对反馈不充分及没有反馈的问题与被审计单位进行探讨。跟进审计工作可以到现场检查，也可以由被审计单位提供书面证据。一般来说，对于上次审计发现的重大问题、需要改进的重大事项，审计人员应该到现场执行跟进审计。内部审计人员应该根据后续审计的实施过程和结果编制后续审计报告，明确改进计划是否落实。如果被审计单位没有落实改进计划的，内部审计人员要查清原因，与被审计单位管理层制订新的改进计划和进一步的跟进审计计划，并向集团总经理报告。

第五章 独立与整合执行

第六节 建设审计案例库

集团因所处行业的竞争程度不同、企业文化不同、经营战略不同、商业模式不同、管控模式不同、激励和约束不同，以及政策、流程的不同，导致发生错误和舞弊的可能性不同，发生错误的大小以及舞弊问题的严重性不同，存在的风险点也不同。然而，公司出现错误和舞弊背后的动机和方式应该遵循着相同的规律，这就说明可以通过对以往案例的学习来提高审计人员发现潜在问题、揭露潜在舞弊现象的能力。这种能力对审计人员在审计过程中发现问题和舞弊具有非常重要的作用。正是出于这种考虑，集团公司审计部开始建设审计案例库。

集团已发生过的真实审计案例无疑对理解审计工作的共性困难和问题有很好的作用。为进一步提升内部审计人员对内部审计的认识，从审计实践中学习和提升，审计部选取集团内部的审计案例建立"审计案例库"，入库的条件是要经典和有教育意义。所谓经典审计案例就是在集团内部实际发生的、具有一定代表性的案例。经典案例不宜过多，每个案例应该突出一个主题。审计案例库不仅可以帮助内部审计人员熟悉以往真实的案例，还可以提高他们的审计知识和审计技术。为了建设审计案例库，在独立与整合期间，审计部提供经费，向集团所有审计人员征集案例，对参与者给予一定的奖励，对入库案例的参与者另外再予奖励，以提高大家的参与热情，最终集团选择20个左右的案例。这些案例涉及财务方面和业务方面，财务方面的案例包括提前确认收入、

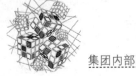

漏记费用、虚增利润；业务方面的案例包括政策流程存在漏洞被利用、串货、采购舞弊、销售舞弊、工程舞弊、高管舞弊。

最有影响意义的案例就是2018年刚发生的给集团造成1亿美元以上损失的贸易公司内部控制失控案例。该贸易公司总经理违规开展业务，财务部部长知道也不加以劝阻，在集团派人调查时，反而帮助总经理掩盖问题，最终导致集团损失1亿美元以上。这个案例背后反映的问题很有警示性。问题是如何发生的？为什么会出现这些问题？内部审计和注册会计师为什么在以前的审计中未能发现问题？应该如何防范这些事件的再次发生？带着这些疑问来学习这些审计案例库必将大大提升内部审计人员的专业水准。

第七节　对外部审计机构的监督

《第2303号内部审计具体准则——内部审计与外部审计的协调》规定，内部审计应当做好与外部审计的协调工作，以实现下列目的：保证充分、适当的审计范围；减少重复审计，提高审计效率；共享审计成果，降低审计成本；持续改进内部审计机构工作。内部审计与外部审计的协调工作，应当在组织董事会或者最高管理层的支持和监督下，由内部审计机构负责人具体组织实施。内部审计机构负责人应当定期对内外部审计的协调工作进行评估，并根据评估结果及时调整、改进内外部审计协调工作。内部审计机构应当在外部审计对本组织开展审计时做好协调工作。

2018年集团发现下属二级贸易公司违规开展供应链金

融业务导致 1 亿美元以上的损失后，集团法务部仔细检查了多份合同，发现该公司在 2016 年就开始违规开展业务了。根据合同规定，所有权属于贸易公司的存货很多都放在贷款方仓库归贷款方处理，而贸易公司管理层并不对这些存货实施任何控制措施，导致存货出库不能及时记录，金额特别巨大，存货账实严重不符，但是会计师事务所开展的年报审计却并没有发现问题，仍然签发了标准审计意见。集团领导对注册会计师的审计质量比较失望，要求集团审计部对外部审计进行监督。在独立与整合前，财务部部长建议在审计服务合同签订时，预先约定扣取合同金额 5% 的审计费用作为质量保证金，如 1 年之内没有发现审计质量问题，再支付质量保证金。因为在签订审计服务合同时，会计师事务所的收费面临不确定性，收费就变成了"或有收费"[①]。

为了规避或有收费的嫌疑，集团审计部建议采用合同约定加书面承诺的方式。对于 5% 的审计费用，采用延迟支付的方式。对于出现审计质量的，由会计师事务所承诺，这部分费用不用再支付。根据财务部部长的要求，集团审计部要求各公司与外部审计机构约定：一是将不低于审计费用 5% 的金额作为余款留待下一年度审计报告出具时支付；二是在余款支付前，发现外部审计机构未严格履行审计职责的，外部审计机构自动放弃对余款的求索权。对于在通知发布前已经签订的 2018 年度审计业务约定书，各公司应联系外部审计机构进行修订。其中，对于上述第一条约定，应明确写入

---

① 或有收费是指收费与否或收费多少取决于交易的结果或所执行工作的结果。会计师事务所不得采用这种收费方式。

审计业务约定书；对于第二条，应取得外部审计机构的书面承诺。

通知发出后，遭到了会计师事务所的强烈反对。由于集团及集团所属公司的年审都是由一家会计师事务所审计的，事务所的合伙人认为与每家公司分别签订附带质量保证的审计服务合同成本比较高，为简化工作量，提出直接向集团公司支付几十万元的保证金，发现质量问题后就从保证金中扣除该项服务收费的5%，并由会计师事务所补充同等金额的保证金，使得保证金数量不变。保证金的计算方法是根据上年度会计师事务所对全集团所有公司的审计收费总额乘以5%。这种方法会计师事务所和集团公司都认可，但是对于什么是质量问题，双方却有很大的争议。

该事务所的合伙人表示，质量问题的确定标准是会计师事务所自己制订的审计项目的重要性水平，也就是根据被审计单位性质而确定的基数和比例进行计算。该所的实践标准为：对于按收付实现制核算的预算单位和非营利性的事业单位，按收入或支出总额的0.5%～2%确定；对于按权责发生制核算的企事业单位，可按资产总额的0.5%～1%确定，或者按流动资产或净资产的1%～2%确定，也可按营业收入的0.5%～1%确定，还可按净利润的5%～10%确定。

而对于A集团来说，不能够接受"重要性水平"这个概念。因为对于一家收入几百亿元的公司而言，如果几个亿的错误才算审计质量问题，那么这种服务质量是令人担心的，也不可能被集团领导接受。在反复沟通后，审计部建议将收入的比例修改为0.1%，净利润绝对值修改为1%，但是该所合伙人并不认可。在审计部独立与整合前，虽然经过多次沟通，但最终都没有达成一致意见，会计师事务所坚持认为判断是否存在审计质量问题的标准是重要性水平。

从理论上来说，对于出现审计质量问题给公司造成损失的，集团公司可以向会计师事务所和注册会计师索赔，不必采用这种方式来加强对事务所的监督。在A集团公司，集团领导不愿意采用索赔的方式，这可能是因为领导不愿意介入到诉讼中来。在审计部独立与整合后不久，会计师事务所就同意了审计部对质量问题的定义，毕竟审计部独立后地位提高了，具有更高的话语权；并且一旦发现质量问题，扣除的保证金金额也只有审计费用的5%。虽然金额不大，但是事务所还是感到了压力，内部审计还是对外部审计机构发挥了监督作用。

需要特别说明的是，集团及集团所属公司的年报全部都是由一家会计师事务所审计，更换事务所的阻力还是比较大。在这种情况下，集团审计部对外部审计的监督要侧重于加强对注册会计师个人的监督。对注册会计师监督的主要途径包括：一是强化对注册会计师审计执业过程的监督，注册会计师与被审计单位关于审计事项的沟通会议要通知集团审计部参加；二是内部审计人员在审计过程中发现注册会计师没有发现的错误或者舞弊时要及时告知会计师事务所，并要求对方提供解释，同时扣除质量保证金；三是对于专业胜任能力不足、职业道德不强的注册会计师，或者多次发现审计质量问题的注册会计师，要及时更换。

集团内部审计独立与整合

第八节　遇到的阻力和困难

A 集团公司审计部独立与整合方案立足于实际，对方案的落地考虑相当充分，实际执行中遇到的阻力较小。但是，方案高估了集团审计部的吸引力，事实上，集团分公司、子公司的审计人员和其他人员到集团审计部工作的热情并不高。在 2019 年 1 月在册的 38 名审计人员中，4 名兼职人员本身就是以财务工作为主，他们不愿意从事审计；另外 5 名审计人员也出于各种原因不愿意到集团，到 4 月底审计部人员集中办公后仅有 29 人。虽然集团人事部加大了招聘力度，但是从投递的简历情况来看，能够胜任内部审计的候选人不是太多，集团内部招聘也没有员工应聘。由于审计服务是靠审计人员来提供和完成的，审计部的工作取决于审计人员。没有高水平、高职业操守的审计队伍，审计部难以提供高质量的审计服务。因此，独立与整合遇到的一大困难就是没有招聘到足够的具有胜任能力、具有合作精神、适应公司文化、具有职业道德的内部审计人员。

3 月底，审计部独立与整合方案在领导办公会议得到通过，集团领导支持审计部独立与整合。因为集团领导层的支持，集团其他部门和各二级公司都表示支持。事实上，与独立和整合相关的直接部门就是财务部、上市公司审计部、人事部和办公室。集团审计部从财务部脱离出来，由于审计部的工作具有相对的独立性，因此对集团财务部的影响较小。对于上市公司的审计部而言，虽然仍然保留了审计部这个部门和两名审计人员，但是审计计划、管理与报告权全部转移

第五章　独立与整合执行

到了集团，变化较大。为了减少阻力，这三个上市公司审计部的部长都担任了审计组组长。集团办公室负责安排和装修审计部办公室；虽然办公室的寻找和审计部会议室的安排经过了一些曲折，但是最后还是按时为审计部配置了可以办公的场所。

独立与整合后，审计部真正遇到的困难在于审计部如何有效地开展审计工作。虽然集团领导迫于保护国有资产的压力开始重视内部审计，但是他们未必知道要给内部审计提供怎样的支持。另外，所属二级公司和集团其他部门虽然都表示支持审计部，但这主要是因为集团领导表态了，其本身对内部审计的态度并不一定真正改变了。如何取得被审计单位的支持和配合，提供有价值的服务？这是摆在审计部前面的一个难题。

在独立与整合期间，集团审计部在执行一个二级公司的年薪审计时，审计部部长同时安排了一个对赠品财税处理的专项审计，两个审计项目一起实施。之所以另外安排对赠品的专项审计，是因为赠品的金额非常大；另外，赠品财税处理不当会导致公司重复纳税。在完成对该公司的赠品财税处理专项审计后，审计人员发现该公司将赠品与正品一起出售时，按照销售金额计算了销项税额；另外，又对赠品的进项税做了转出，导致公司多纳税几百万元。审计人员心想，这个审计的经济效益可以看得见，被审计单位应该很欢迎，于是马上给该公司财务总监李总写了邮件。没想到该公司财务总监李总很快就回复了邮件，第一条就说集团各公司都是这么处理的，审计部为什么不查其他公司？第二条说，如果有问题，这也是当初咨询了集团税务组的意见的，有问题审计部应该去找税务组。第三条说,审计部的措辞"请你公司认真对待"太严厉,感到接受不了。李总的回复并没有将重点放在内部审计人员的审计发现是否准确,给出的建议是否可行上,反而是对审计人员进行指责。

从对该公司的审计上看,审计人员的初衷是审计赠品的纳税情况,是为了检查公司的纳税情况和纳税风险,更好地服务于公司的利益。而从李总的回复中,明显可以看到被审计单位对审计发现的第一感觉就是要尽快摆脱自己的责任。在被审计单位感到审计人员找了自己麻烦的情况下,内部审计如何争取获得认可是一个巨大的挑战。

总的来说,集团审计部独立与整合方案在实际执行中遇到的一些情况在方案里已经有了充分的考虑,因此整体方案的落实比较到位,但也会遇到一些没有想到的困难与阻力,主要是人员调整遇到的阻力,尤其是高估了集团审计部的吸引力。独立与整合期间审计部遇到的困难主要是难以招聘到合适的员工,此外还包括审计部团队的搭建问题、审计部工作的规范问题、审计部如何调整与集团领导及其他部门之间的相处关系问题等。而审计部如何有效地开展审计工作将一直是审计部要不断思考的问题。

第六章
后续提升计划

　　从内部审计所处的大环境看，内部审计工作越来越受重视，内部审计机构组织方式在加强，内部审计机构领导地位在提升，内部审计工作领域得到拓展，内部审计增值服务意识在增强，审计问题整改工作得到深化。内部审计大发展的环境对A集团公司的内部审计是有积极影响的。追求在国际市场上有知名度的集团领导也有动机去提升审计的作用，以更好地对标国际先进的内部审计实践。A集团公司的内部审计发展比较缓慢，从财务部的一个会计监督组到走向真正的独立，经历了十多年。但是，这毕竟是一个巨大的进步。

　　正如集团总经理所指出的那样，在独立与整合前，集团审计部才6人，集团领导对内部审计基本没有要求。但是，独立与整合后，到2019年年底审计部至少要达到50人，集团领导就会开始对审计部有期望、有要求。审计部独立与整合之后，一个重要的工作就是出业绩，因此，审计部可以自己主动承担一些监督、评价和咨询工作，在集团经营效率和效果、风险管控等方面提出一些真见解、解决一些真问题，提升审计能力，提升审计部在集团中的作用与地位。然而，A集团公司的内部审计基础相当薄弱，积累很少。虽然独立与整合了，但是离现代化的审计理念还相差比较大。二级公司虽然对集团审计部不排斥，但主要还是希望借助集团审计部加强对下属公司的管控，其本身并不希望被审计，被提出问题。另外，审计人员大多数是财务背景，且从事内部控制、风险管理与内部审计的经验较少，人员的素质还有待提高，结构还有待进一步优化。

A集团公司审计部要实现优化，必须以防范风险和创造价值为中心。内部审计要能体现"前瞻性"，内部审计关注的不仅是保护现有资产的安全、完整，而且还要更多地关注为组织创造更多的未来利益。审计部的进一步优化应该坚持实现内部审计由内部控制导向的审计向现代风险管理导向的审计转型，探索开展以风险为导向、以控制为主线、以治理为目标、以增值为目的的审计工作新方向。

A集团公司的内部审计要有新的作为，就需要做出一些优化与提升：一是要更好地把握工作重点。在内部审计还是刚从财务部脱离出来的情况下，内部审计的工作重点还是要紧紧围绕财务方面的控制和风险管理，围绕管理层关心的重点来展开工作，聚焦审计能力的提升。二是要有更创新的工作思路。对于刚独立的审计部，内部审计的工作思路很容易创新，因为很多工作方式和做法都是以往没有的。三是要有更高素质的队伍。审计人员是审计资源中最积极、最重要的因素，一支技术过硬、具有职业操守的审计队伍对内部审计的发展至关重要。这些优化与提升都依赖于审计部的战略规划、审计质量提升、信息化建设、数据分析与挖掘技术的应用、审计沟通平台的建设。

第六章 后续提升计划

第一节 审计战略规划

A集团公司的审计部刚经历独立与整合，目前的主要工作重点还是如何组建审计队伍、完成审计任务，缺乏对审计部的长远规划，审计工作方向感不强，有必要构建集团审计部战略规划。叶陈云、叶陈刚、张琪（2013）指出，内部审计战略及规划对于全面提升集团公司的内部审计效率、执业质量和价值增值具有重要价值与积极作用。A集团公司规模大、管理环节多、管控难度大、涉及风险复杂，集团公司内部审计战略的内涵可以界定为：在集团公司层面设立的内部审计发展远景，并对未来要实现的内部审计目标进行谋划，是集团公司内部审计工作的方向。审计战略规划体系的构建包括以下三个方面：一是集团公司内部审计战略环境分析，二是集团公司内部审计战略目标设定，三是集团公司内部审计战略规划的内容。

一、战略环境分析

集团公司内部审计战略环境分析的内容包括内部审计的外部宏观环境、微观工作环境和战略组合选择分析三部分。采用SWOT模型，集团公司内部审计对自身面临的优势与劣势、机会和威胁进行详细分析，从而可以将公司的内部审计战略与内部审计资源、外部环境等因素进行有机结合，最大限度地保障与落实企业的总体发展战略。

（一）宏观环境分析

对于内部审计来说，宏观环境分析可以从经济环境、政策法律环境、技术环境和社会环境四个方面展开。从经济环境来说，A集团经营范围广、境外投资大、管控风险大，尤其是2018年集团因为管理失控造成了重大损失，促使集团公司管理层重视内部审计监督工作。从政策法律环境来说，监管部门越来越重视内部控制、风险管理和内部审计。审计署第11号令《审计署关于内部审计工作的规定》自2018年3月实施，对内部审计机构和人员管理、内部审计职责权限和程序、审计结果运用等方面做出了规定。从技术环境来说，信息技术和数据分析技术快速发展，对经营管理和财务系统的实时监控已经成为现实。从社会环境来说，"重人情、重关系、讲面子"的社会文化环境对审计具有一定的制约，可能导致内部审计走形式、发现问题不能深查也不能报告。

（二）微观环境分析

郭巧玲（2013）指出，集团公司内部审计是监督与服务、治理与控制的重要工具，而集团内部审计要素只有与微观环境相匹配，才能为实现有效内部审计奠定基础。内部审计的环境可以进一步从公司治理和控制两个方面来分析。公司治理主要是指所有者对经营者的一种监督与制衡机制，即通过一种制度安排，来合理地界定和配置所有者与经营者之间的权力、利益与责任。A集团公司为国有企业，按照规定成立了董事会和监事会，还没有设立审计委员会。

第六章 后续提升计划

集团公司控制模式以企业集团母公司对子公司的控制模式为主要组成部分，即母公司对子公司的控制程度直接反映了母公司、子公司自身的控制程度，乃至企业集团的控制程度。集团控制模式会直接影响企业员工的自我控制意识与内部审计监督效果。人与人之间的控制活动是任何企业管理的核心，是构成内控环境的重要因素，必然会影响内审战略规划的制定与实施。A 集团公司对二级公司采用的是强控制，体现在二级公司的一把手基本都是集团领导层兼任的，二级公司的经营计划、预算受到集团的严密监控，二级公司的部分财务核算工作权收归集团，由集团财务部下设的共享中心接管。

（三）SWOT 分析

在内部审计宏观环境分析、微观工作环境分析的基础上，采用 SWOT 分析法对内部审计自身特点、发展环境与现有审计能力进行分析，见下图 6 – 1。

审计部的机会：从审计部的宏观环境看，内部审计工作越来越受重视，内部审计工作领域得到拓展，内部审计越来越受到社会的重视和认可，内部审计的发展态势好，无疑给 A 集团内部审计的发展带来了机会。经历了 2018 年因为内部控制薄弱给集团带来的损失后，集团领导不得不开始重视审计部。另外，集团内部控制比较薄弱，本身就为审计部大显身手提供了机会。

审计部的威胁：审计部并没有大的业绩，没有发现大的问题，监督、评价与咨询作用并没有得到真正发挥。审计部仍然被业务部门视为监督部门，有抵制的倾向。对审计部的

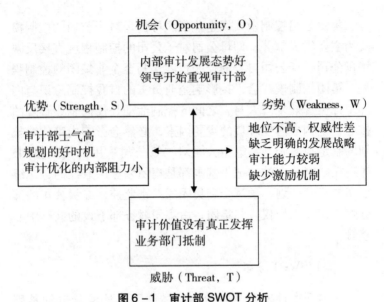

图 6-1 审计部 SWOT 分析

直接威胁就是，A 集团公司将内部审计职能外包，审计部撤销。

审计部的优势：审计部刚独立与整合，审计人员士气高。审计部的工作方法、工作流程开始形成，也是审计部长期发展规划的好时机。由于集团审计部刚独立，人员新，审计优化的内部阻力小。

审计部的劣势：审计部归属于集团总经理领导，与财务部、人事部等部门平列，地位不高、权威性差。缺乏明确的发展战略，审计能力较弱，缺少激励机制，内部审计没有信息化。

二、战略目标设定

结合内部审计战略影响因素,考虑到集团公司经营管理的现实要求,A集团公司内部审计战略可设计成一个包含核心战略目标和具体战略目标的目标体系。

(一)核心战略目标

在集团的整体发展战略的指导下,集团公司内部审计部门应当充分发挥自身的监督、评价与咨询职能,加强集团管控能力,防范集团风险,保障集团经营目的的实现。A集团审计部的核心战略目标或中心目标可确定为提高风险管控能力、增加组织价值。

(二)具体战略目标

以提高集团风险管控能力、增加组织价值为核心目标,要求集团审计部细化具体战略目标:一是监督和评价经营管理活动合法、合规情况;二是监督和评价集团各项政策和要求的执行情况,加强集团管控能力;三是执行集团经营计划,对集团风险管理进行审计,强化集团管理风险的能力;四是为管理活动提供咨询,提升集团的管理效率和效果。集团的常规审计主要是以管理层薪酬为核心的绩效审计,以会计核算真实性、规范性为基础的财务审计,以加强管控为基础的内部控制审计,以防范风险为基础的风险管理审计。另外,审计部也要提高对信息系统的审计能力,强化信息系统审计,提高舞弊审计能力。从长远来看,战略审计和文化审计也是审计部未来审计的方向。

三、战略规划

实现内部审计战略,需要对具体目标进一步细化、分解,最终落实到具体的战略规划与资源配置之中,借助具体资源配置的实施,从而保障集团公司内部审计战略的有效实现。内部审计战略规划的内容可以从制度规划、职能规划、组织规划、人力资源规划、信息化建设规划五个方面进行分析。

(一)制度规划

审计部独立与整合之初,已经建立了内部审计章程和内部审计制度,流程支持、业务制度和质量管理等审计制度也开始逐步建立。集团公司通过积极促进内部审计制度的规范化、系统化和专门化建设,推动内部审计制度的持续创新,实现内部审计的标准化管理,以程序化的组织设计和业务流程设计为载体,贯穿内部审计管理工作的始终。

(二)职能规划

审计当前的职能主要包括监督、评价。这种监督和评价的主要对象是财务活动、内部控制、风险管理。从长远来看,监督和评价的范围将扩大,战略审计和文化审计也将成为审计部未来审计的方向。审计部未来要增加咨询的职能,能够发现经营管理中的真问题、提出真见解,提升集团管理效率和效果,获得管理层的广泛支持。

(三) 组织规划

审计部独立与整合后,按境内业务与境外业务的不同分为五个组,计划到 2019 年年底达到 51 人。随着集团三年经营计划的公布,根据三年经营目标,三年后集团收入规模要超过 3000 亿元,这意味着在现有收入规模的基础上再造一个集团。伴随着收入规模的增加,审计部的人员也要增加。随着集团业务向海外的进一步布局,审计部的组织架构也应该适当调整,应强化海外业务组的力量,强化信息系统审计能力。另外,随着审计部咨询功能的强化,审计部也应成立专门的咨询组。从审计部的长远规划来看,在审计部独立与整合之初,审计部就曾设想过在未来将审计部进一步独立,注册成为审计公司,向集团各公司收取审计费用,真正成为利润中心。

(四) 人力资源规划

人力资源是审计部的最重要资源,人力资源规划包括中长期的内部审计人力资源需求预测与使用方面的规划、近期内部审计人力资源的优化配置规划、审计人员激励规划。根据公司战略发展的需要来规划未来审计业务对审计人员的中长期需求,并培养高质量的审计人才,为未来的审计业务培养后备力量。

(五) 信息化建设规划

信息化建设规划包括明确集团内部审计信息化建设的长远目标、任务和方案,确立信息化建设进程和专业人才的培

养方向与路径等。在审计部独立与整合完成后,审计部连一套审计软件都没有,信息化程度差,将会影响到内部审计的效率。另外,集团公司的业务模块也在信息化,审计工作不实现信息化,将会导致审计工作落后于集团发展,也会给审计工作带来很多困难。随着信息技术和实时经济的迅猛发展,持续在线审计将是未来发展的趋势。持续在线审计充分利用信息技术平台,借助数据挖掘等方法,可以实时远程进行审计并及时完成审计报告,是对传统审计的突破和替代(刘华,2015)。A集团公司信息化规划要考虑建设持续在线审计系统。

第二节 强化审计质量管理

审计质量的高低直接影响着公司领导层和员工对内部审计的态度,关系着审计部在公司的地位和长期发展,是审计部一贯的工作重点。要提升内部审计质量,首先要进一步完善优化内部审计质量规范化管理体系,进一步加强审计项目实施过程的质量管理,强化内部审计机构的质量控制。

一、优化质量规范化管理体系

(一)完善内部审计计划管理制度

审计计划的制订要根据集团公司的战略、年度经营大事、管理层关心的重点和集团公司管控风险的具体情况,按照合理性、真实性、风险性和效益性的原则,充分体现内部审计的监督、评价和咨询职能。目前,内部审计计划主要是在征询集团及所属公司管理层意见的基础上由审计部来制订，审计部制订的计划上报集团总经理，总经理会根据自己的理解对计划提出一些要求，审计部按总经理的要求修改后，审计计划就算编制完成了。这种计划的编制方法在审计部刚独立的情况下是适用的，但是随着集团审计业务的不断发展，经营业务的调整与面临的风险变化都将促使审计部强化审计计划管理。审计计划的科学和合理无疑对审计立项和审计质量有重要影响，最终会影响审计部在集团的价值。

完善内部审计计划管理制度包括对审计计划模板进行规范，对审计计划的制订、调整和执行过程进行规范化管理。在现有采用3个月滚动计划编制的基础上，进一步将滚动计划编制期限缩短到月，并且在审计计划中也加入审计人员，使得以月为单位的审计计划能够详细反映出集团审计部审计项目的执行情况、审计人员的配置现状以及下一阶段要开展的审计项目和审计人员的工作安排，使得审计工作情况一目了然。

（二）完善内部审计质量控制制度

内部审计项目质量控制是全面质量控制的基础，涉及整个审计程序的各个环节，包括审计项目立项、审前调查、编制审计方案、收集审计证据、编写审计工作底稿、出具审计报告、后续审计、审计档案管理等；对各环节都要提出明确的质量标准要求，提出质量控制措施，实行全过程质量控制。

在审计部独立与整合之初，审计部就制定了内部审计章程和内部审计工作制度；在独立与整合完成之后，审计部又着手制定作业制度规范、业务制度规范、质量管理规范,并计划在2019年年底前完成制度的制订。这些制度的制订使得审计部的工作更加规范、严谨。但是,由于审计部独立与整合时间不长,审计制度规范制订不太健全,况且,审计部的情况也在发生变化。因此,有必要进一步完善审计质量控制制度。为了使得审计工作更加规范,也便于审计信息化工作的开展,集团审计部要进一步对审计工作底稿的编制进行规范。

(三) 完善内部审计项目复核制度

内部审计是一项专业性和技术性很强的工作,是高层次、综合性的经济监督。由于审计人员职业素质、专业知识结构等方面的限制,不可能对所有发现的问题都做出准确的判断和合理的结论。因此,内部审计必须建立健全复核制度。审计师的工作,由审计组组长、审计部部长复核;助理审计师的工作,由审计师复核后再由组长、部长复核。审计复核者必须非常清楚要复核什么。一是要复核审计工作的合理性,比如监盘计划的合理性,审计人员、时间资源分配的合理性;二是要复核结论与证据之间、证据与证据之间的逻辑性;三是要复核审计程序的完整性。审计复核不能流于形式,尤其是审计组组长,必须认真、仔细地复核和检查审计工作,以便及时对审计测试做出调整。复核制度不仅是提高审计质量的保障,也是审计人员干中学、不断进步的重要途径。

（四）推行内部审计质量考评制度

内部审计质量是审计工作水平和审计能力的集中体现。集团建立的各项审计制度和规范是审计质量的保障，但是重点在于审计人员的执行。执行走形式、不到位是难以发现问题的。有时候审计人员发现了潜在的问题，但是因为不确定是不是问题，又不好意思问，就干脆不报告，或者换一个没有问题的审计样本，这些都会影响到审计质量。即使从事内部审计时间不长的审计人员也会想到各种要问的问题，但是他们往往不知道如何问才能达到审计目标。

要激励审计人员围绕风险防范和价值增值的目标严肃、认真、负责地审计，约束审计人员随意审计、不按规定的程序和方法审计，甚至发现了问题也不报告的行为。审计部应该推进质量考核机制和评价办法。健全考评指标体系，主要考评审计执业能力、职业道德和后续发展能力。执业能力主要体现在编制审计方案的可行性、审计重点选择的针对性、审计程序的完整性、审计证据的有效性、审计底稿的真实性、审计过程的合规性和审计报告的恰当性等。职业道德主要考评是否敬业、好学，是否持有合理的怀疑精神，对于发现的问题是否敢于报告。持续发展能力主要考评审计人员的学习热情和进步快慢。

审计部可以制订审计项目质量的评价办法。评价办法在考核机制上应该具体细化，审计执业能力应占50%，职业道德应占30%，后续发展能力20%。对于发现了重大的经营管理问题，发现了重大的舞弊的，应实施特别嘉奖。

二、进一步强化审计项目实施过程的质量管理

质量控制与提高必须贯穿于审计工作的全过程。审计的过程是一个关联性很强的连续过程,后面的工作要建立在前面工作结果的基础上。如果在某一个阶段某一个部门的工作质量出现问题,势必会影响下一个阶段的工作质量。这就要求严格控制每个环节的质量,进而保证审计工作的整体质量。要强化审计部的质量管理,审计部部长必须真抓实干,重视审计工作的复核,重视对审计人员的培训,特别值得提出的是,在审计项目结束后,审计项目组要进行反思,对审计工作进行总结。

(一) 审计前充分准备

审计项目立项、审前调查、审计方案编制是审计质量控制的重要环节。审计立项对于发现真正有问题、有风险的公司以及合理利用审计资源有非常重要的作用。有些公司虽然有一些问题,投入审计资源后也提出了一些问题,但是这些问题却不能得到解决,这种审计是无效的。坚持"全面审计,突出重点"的方针,选好选准审计项目,加强项目论证和调查研究,保证审计项目的科学性、针对性和可行性。另外,审前调查对于了解被审计单位的经营情况、财务状况以及内部控制情况具有非常重要的作用,对审计方案的编制具有直接的影响作用。为了规范审计工作,审计方案应该在开始审计前就已完成,并上报上级领导批准后才能实施。因为审计方案对实际的内部审计工作提供了指引,也是审计师核对审计工作是否已经完成的重要依据。

（二）审计中严控质量

审计过程的严肃性和规范性，直接影响审计结果的准确性。审计人员在审计过程中必须严格执行审计程序，按照审计准则的要求，获取相关、可靠、充分的审计证据，审计证据必须能有效地证明审计事项的真相，足以支持审计处理、处罚决定，根据审计证据编制的审计工作底稿应该明确、条理清楚、格式规范。内部审计采用的主要方法有询问、观察、检查、重新执行。针对不同的审计目的和对象，应选择不同的审计方法与策略。在测试内部控制运行的有效性时，应重点关注以下几个方面：一是控制在所审计期间的不同时点是如何运行的，二是控制是否得到一贯执行，三是控制由谁来执行，四是控制以何种方式运行。在检查过程中，应抽取足够数量的交易进行检查，或对多个不同的点进行观察。在关注个性和共性的基础上，检查中要做到异中求同和同中求异，将实际的结果与按规范操作应有的结果进行比较，记录相关的差异，并在工作底稿中记录。在内控中发现的内控缺陷，应该追溯内控缺陷发生的源头和相关的责任部门，分析确定内控缺陷发生的原因，做出准确的审计判断，提出相应的审计整改意见。

（三）审计报告重沟通

由于审计部与被审计对象存在监督与被监督关系，审计报告初稿的沟通会非常重要。如果审计部发现的问题并不能得到被审计单位的认可，那么审计工作的结果就会大打折扣，审计整改就不太可能实现。为了应对这种情况，审计师

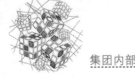

对于发现的问题一定要有很强的证据支持，不能凭自己的主观臆断。有时候，被审计单位害怕承担责任也不认可审计问题。无论何种情况，审计师都要进行沟通。沟通中的重要事项要形成书面记录，同时沟通记录经对方签字认可才能形成审计证据，记录于工作底稿。审计人员在沟通结束前要与对方确认谈话内容，这样一方面方便进行必要的补充，可以防止疏漏，另一方面充分的沟通有助于加深双方对某一事项的理解和认同。沟通结束时，除感谢对方的真诚合作外，还要向其说明下一步可能会进行的工作，给被审计单位或部门有充分的时间做准备。此外，在整个沟通过程中要注意识别被访谈者接受和抗拒的非语言信号，适应场面气氛调节谈话内容。当然，无论是哪方面的沟通，内部审计人员都要把握原则，有明确的沟通目标，重视每个环节，适应主观和客观环境的突然变化。

（四）审计后跟踪整改

审计意见和审计建议能够得到全面落实和执行是审计成效的具体体现。一些企业把审计整改率作为衡量审计工作业绩的一个指标，这可能不是一个很好的做法，因为审计发现的问题应该百分之百得到整改。如果被审计单位不能整改，审计人员为什么要建议整改？因此，发现了审计问题要区别对待。对于能整改的，应该写到整改计划里去；对于不能整改的，应该向被审计单位的上级报告或提示。对于已发现的问题，内部审计部门要有解决问题的招数，提出整改意见和建议，并及时督促检查被审计单位的落实情况，一抓到底，避免出现"审而不纠、审而不改、审而不用"的现象，对审核发现的问题应当从报告审计结论时就进行监控。同时,对被审单位屡查屡犯、有章不循、违章操作的行为要在集团层面进行通报。

三、强化内部审计机构质量控制

《第2306号内部审计具体准则——内部审计质量控制》对内部审计机构的质量控制进行了规范。根据内部审计准则规定,集团审计部部长对内部审计机构质量负责。内部审计机构质量控制需要考虑下列因素:内部审计机构的组织形式及授权状况;内部审计人员的素质与专业结构;内部审计业务的范围与特点;成本效益原则的要求。A集团公司审计部是在总经理领导下的"大审计",全集团公司审计资源高度集中,内部审计业务侧重服务于管理职能。在强化内部审计质量控制的考虑因素中,审计人员的素质与专业结构要特别关注,因为A集团公司审计人员的背景都是会计和审计,专业结构比较单一,可能难以胜任信息系统审计、业务流程审计等方面的审计。

审计是一种专业技术性很强的职业,也是一种综合性的经济监督。风险识别、评价在一定程度依靠审计人员的经验。因此,审计师的审计能力非常重要。对于内部审计人员的能力提升,最重要的就是干中学。在平时的审计工作中,高层次的审计师对低层次的审计师进行实时的指导和反馈对审计人员的进步是至关重要的。一些单位喜欢请外面的培训师过来讲讲理论知识,这个对审计人员理论水平的提高当然是有好处的,但是在干中学、调研或者请内部审计干得比较好的审计师过来直接进行技术指导,可能对提高审计人员的

工作技能更有好处。

除了人力资源的提升，团队的合作能力也非常重要。内部审计要求懂得的知识较多，一般来说，包括业务流程、内部控制、财务活动、会计处理、信息系统、风险管理等知识，对于专项审计，更是要懂比较专的知识。因此，内部审计要发挥团队合力，仅依赖少数几个审计骨干是难以执行高质量的审计的。团队如何搭建、凝聚力如何形成是提升审计队伍的重要考量。在团队搭建时，应该考虑背景、专业的多样化，在自愿的基础上综合考虑。另外，团队应该组织活动，增进成员之间的了解和沟通，增加相互信任。

根据《第2306号内部审计具体准则——内部审计质量控制》，审计部质量控制还包括开展审计质量评估。审计部可以聘请内部审计协会、外部审计机构或者其他第三方对审计部的工作质量进行评估。经过开展审计质量评估，审计部能更好地认清自己的工作状况和工作质量，也能对评估发现的薄弱环节进行改善。

第三节　信息化建设

A集团公司审计部还没有采用审计软件，审计部独立与整合后使用的是常用的办公软件来分析处理数据，用EXCEL做计算分析、WORD撰写报告、POWERPOINT做演示软件。目前的实际情况是，审计计划、审前调查报告、审计方案、审计工作底稿、审计报告都采用邮件的方式来回传递，花费了大量时间。在审计项目不太多的情况下，具体来说，在全年审计项目少于100个，并且项目工作底稿仅体现

第六章 后续提升计划

发现的问题、证据及审计报告的情况下,这可能是合适的。

随着内部审计在社会上的重视程度越来越高,内部审计工作也受到了更多的监督。作为国有企业的 A 集团内部审计的工作底稿将受到政府审计机关的监督和指导,因此审计工作底稿应该要更加规范。另外,集团公司规划 3 年内审计部将发展到 100 人,集团所有层次的分公司、子公司的数量目前已经有 600 多个,每年审计的项目估计在 300 个左右,如果还依赖通用的办公软件来处理审计工作,效率就会很低。而在采用审计信息化的情况下,所有信息都集成在一个系统里,一个审计项目在系统里的编号唯一,各种审计文档之间相互关联,审计数据和审计发现的问题可以自动传递到下一个环节,比如审计工作底稿发现的问题可以自动汇总到审计报告里,大大节省了审计整理的时间。建设信息化,可以提高审计质量与审计效率。

在集团内部审计独立与整合后,A 集团公司审计部信息化还没有起步。虽然审计部最终要建设持续在线审计系统,但是根据实际情况要分阶段进行。当前的信息化建设要立足于集团信息化审计还未开始的实际情况。建设持续在线审计系统要投入大量的资金,在审计部刚成立的情况下,集团领导也不会同意。因此,初级阶段的信息化建设要融合审计管理和审计作业的需要进行设计,将集团审计部当前的管理流程融入系统建设中,侧重于提高审计的效率和效果。由于集团整体信息化整合程度不高,生产、营销、采购、财务等用的系统还没有统一集成,因此独立建立审计信息系统是必要的。审计信息系统从集团各公司财务、ERP 系统中取数,但是不嵌入到这些系统之中。集团审计信息系统建设要达到的功能见图6-2。

图6-2 A集团审计信息系统功能

从图6-2可以看到，审计信息系统包括个人事务、审计计划、审计工具、审计底稿和审计报告五个模块，每个模块的功能清单如下。

一、个人事务

个人事务模块包括消息中心、待办事务和工作进度三个子模块。

消息中心：在审计任务下达后，审计人员可以收到工作任务安排；在审计人员向上级主管报告后，审计人员可以看到上级主管的回复；另外，审计人员也可收到各类信息提示，比如提醒第二天要出差。消息中心的主要功能是查看和提示。

待办事务：此模块主要及时通知审计人员需要自己处理的事务。

工作进度：系统自动统计个人已经完成的审计工作量，根据审计时间计划来计算工作进度。

二、审计计划

审计计划模块包括年度审计计划、当月审计计划、计划调整、审计项目立项等四个子模块。

年度审计计划分为年度计划编制和年度计划复核两个子模块。在年度审计计划审核后,系统就自动将审计计划分配到每个月;当计划调整后,以后月份的审计计划将按照调整后的内容重新分配。计划调整子模块处理已经批准的年度审计计划的调整,包括调整申请和调整复核。审计立项子模块具有根据当月审计计划自动立项的功能。

三、审计工具

审计工具模块包括数据导入、数据查询和数据分析三个子模块。

审计信息化系统应该提供接口,导入被审计单位的业务数据和财务数据,最低的要求是要能导入业务数据的日志以及财务数据的报表和账簿。

数据查询是按照一定的查询条件输出结果。对于业务数据来说,包括销售情况查询、生产订单查询、仓库进销存记录等查询;对于财务数据来说,包括总账查询、科目余额查询、分类明细账查询、现金日记账查询、银行日记账查询、多栏账查询、凭证查询和辅助账查询。

数据分析是对数据进行趋势分析、结构分析和比率分析等。从一定程度上讲,数据查询也是一种数据分析,审计信息系统应该可以在审计查询结果的基础上进一步分析。

数据导入、数据查询和数据分析的过程和结果都会自动生成审计工作底稿,自动传递到审计工作底稿的审计证据子模块。

四、审计底稿

审计底稿模块包括审前调查报告、审计方案、审计证据和底稿复核。

审计调查报告是在审计项目立项后开始着手的工作,对于审计方案的编制具有重要的影响。审前调查报告子模块体现审前调查的访谈、查阅、检查和观察等审计程序,以及执行这些审计程序的结论,根据这些结论形成审前调查报告。审前调查报告要体现审计方案制订时的审计范围、审计内容和审计重点,以及审计人力资源和时间资源的分配。审计证据有很多,一部分是由审计工具自动生成而来,另外的访谈、观察等审计证据,则由审计师在审计证据子模块下填写。对于执行的审计程序,审计师都要形成审计意见。审计底稿编制完成后传递给更高级别的内审人员复核。

五、审计报告

审计报告模块包括审计发现、审计报告和后续审计三个子模块。

审计发现应让使用者对"问题是什么"以及"为什么要关注这些问题"有清楚的认识。审计发现子模块根据审计工作底稿发现的问题自动生成。经与被审计单位管理层沟通,不需要报告的发现就不会自动传到审计报告里;一旦进入审计报告,则同时要列出针对审计发现问题的整改计划。审计师在审计报告完成3个月左右对被审计单位进行后续审

第六章　后续提升计划

计，后续审计报告主要是针对审计发现而专门展开，后续审计完成后整个审计项目终结。

第四节　数据分析与挖掘

集团审计通常涉及大量的财务数据与业务数据，这些数据隐藏着大量的信息。审计部独立与整合后，审计主要是利用审计人员的经验和计算机查询技术相结合的方法对被审计单位电子数据进行审计。这种方式至少存在三点不足：一是审计人员的经验和知识是有限的，而被审计单位的情况千差万别且业务财务数据信息量大。面对海量数据，审计师有"瞎子摸象"的感觉。二是对同一数据，不同的审计人员可能会得出完全不同的审计结论。样本选取的不同也会导致审计结论的不同，导致审计发现的问题存在一定的主观性和随机性，客观性不足。三是传统的数据分析方法无法处理庞大的数据库系统，技术工具的落后势必影响审计的广度和深度。总之，在信息化环境下，引用数据挖掘技术是当前审计发展的必然趋势。

面对被审计单位的海量数据，如何在有限的时间内充分地发现隐含着的具有重要价值的信息，并以此为依据准确地确定审计重点、发现审计问题是每位审计人员面临的首要问题。数据挖掘是从大量的、不完全的、有噪声的、模糊的、随机的实际应用数据中，提取隐含在其中的、人们事先不知道的、但又是潜在有用的信息和知识的过程。作为一种深层次的数据分析技术，数据挖掘技术不仅能对被审计单位的数据进行查询，而且能够找出大量数据之间的潜在联系和规律。如果能充分利用数据挖掘技术,将能大大提高审计工作的效率与质量。

应用数据挖掘技术后,审计人员必须转变审计思维方式和审计作业方式,通过构建审计分析模型,对电子数据进行多角度、多层面、系统深入的分析处理,从中获取多种类型的有用信息,力求从总体上把握被审计单位的经营特点和发展规律,发现异常趋势和薄弱环节,从而在把握总体的基础上锁定重点,在锁定重点的基础上筛选线索,层层递进,精准地指导下一步工作。

一、孤立点在审计中的应用

孤立点检测是数据挖掘的一项重要技术,用来发现数据源中显著不同于其他数据的对象。在审计数据源中,经常含有一定数量的异常值,它们与审计数据源的其他数据不同或不一致,通常将这类数据称为孤立点。孤立点是数据源中与众不同的数据,这些数据并非随机偏差,而是产生于完全不同的机制。由于审计中的可疑数据往往表现为孤立点,因此,通过数据分析与挖掘技术找到孤立点可以帮助审计人员尽快发现审计重点,找到审计突破口。如在对企业产品生产成本进行审查时,可以利用孤立点检测技术,将可能存在的与生产技术指标数据相差较大的成本数据剥离出来,审计人员再用该企业具体生产指标对这些数据进行逐一审查确认,以发现舞弊现象。

二、关联规则在审计中的应用

发现关联规则是通过分析资料,找出某一事件或资料中会同时出现的东西。数据挖掘中的关联规则具有独特作用，可用于发现大量数据集合间有意义的关联或相关联系，并侧重于数据中不同领域之间的联系，其应用前景十分广阔。审计信息系统运用关联规则提取数据之间的关联特征，可以有效分析安全事件间的相关性，提高审计风险预警的准确率。如审计人员在对被审单位的成本进行审查确认时，面对料、工、费相关数据，无从入手，此时可利用关联规则技术，发现其各成本项目与生产数量之间的关联性，再根据存货仓库盘点数据及相关出入库记录，确定其产量，根据关联规则确定的关联性，可以确定生产成本是否合理。

三、决策树在审计中的应用

数据挖掘中，决策树是一种经常要用到的技术，可以用来做预测，同样也可以用于数据分析。决策树提供了一种展示类似在什么条件下会得到什么值这类规则的方法。建立一棵决策树可能只要对数据库进行几遍扫描之后就能完成，这也意味着需要的计算资源较少，而且可以很容易地处理包含很多变量的情况，因此决策树模型可以建立得很快，并适合应用到大量的数据上。决策树数据挖掘技术的主要意义在于归纳分类，在审计中，这种归纳分类被恰当利用就可以转化成对风险的识别。决策树这种数据分析方法不同于一般的比率分析、趋势分析、统计分析等，它包括但并不局限于财务信息，而是将众多信息数字化，从数学规律的角度出发，进行审计分析，归纳数据的关联和特点。在审计中，可以通过选择几个最重要的指标作为决策树的节点，根据变量分类的重要性构建决策树。

数据挖掘技术还包括聚类分析、因子分析、神经网络等众多分析方法,本节只是简单地分析了三种比较基本的数据挖掘技术在审计中的应用。无论采用何种方法,都应当与具体的审计目标紧密相关。

第五节　审计沟通平台建设

审计工作需要取得集团领导的支持和被审计单位的理解和认同,这些都离不开有效的审计沟通。审计人员在内部审计工作的各个阶段,都要与被审计单位进行沟通,但这种沟通往往仅仅限于审计的利益相关方之间,沟通的对象较为有限。为了树立审计形象,培养集团员工的审计素养,拉近审计与集团其他部门和员工之间的距离,有必要在集团内部网站上搭建审计沟通平台。

建设审计沟通平台的目的在于搭建审计部与集团其他部门和员工之间的沟通渠道,通过双方互动来提高集团各部门和员工对内部审计工作的认识,宣传内部审计的理念和价值,逐步提升各部门和员工对内部审计工作的认可和支持,减少审计人员在审计过程中遇到的抵触,以帮助内部审计人员审查和评价集团及所属公司的业务活动、经营管理活动、内部控制和风险管理的适当性和有效性,提升内部审计在集团的价值和作用。

为了达到上述目的,审计沟通平台至少应当包括审计知识、审计公告、审计故事和信息反馈四个方面的功能,如图6-3所示。

图6-3　A集团审计沟通平台功能

"审计知识"主要是提高集团管理层和与员工对内部审计的理解和认识，培育审计文化，增进对舞弊的识别和防范能力。"审计公告"主要是审计部主动公开披露审计工作的进展情况、审计结果的处理情况以及内部审计招聘信息。"审计故事"主要通过生动的审计故事来学习一种审计思维或者审计工具、方法，并对管理层和员工起到警示作用。"信息反馈"主要是提供机会让集团其他部门和员工表达看法和诉求，并通过审计问答的形式互动。

"审计知识"包括审计基础、法规准则、舞弊知识和最新发展四个栏目。"审计基础"栏目包括政府审计、注册会计师审计和内部审计的基础知识，让员工了解这三种审计的联系和区别。为了提高集团其他部门和员工学习审计的积极性，可以考虑采用短视频的形式展现内部审计的作用、内部审计的工作程序、内部审计的工具和方法。"法规准则"栏目收集整理内部审计工作相关的法规和准则，审计法规必须与审计部、审计人员和集团经营管理相关。内部审计准则包括中国内部审计协会制定的内部审计准则以及本集团制定的审计管理规范和审计管理办法。内部审计的法规和准则不仅为被审计单位提供了评价内部审计人员的依据,也可以帮助审计人员更好地执行审计法规和准则的要求,以更好地提高审计质量。"舞弊知识"栏目包括舞弊的基本理论、舞弊的特征和舞弊的识别,以提高集团全体员工的舞弊意识,增强员工识别和防范舞弊的能力,最终减少舞弊的发生。"最近发展"栏目主要是研究内部审计的最新发展趋势,以帮助审计部不断吸收新知识、新成果,优化审计工作。信息技术和数据分析的发展无疑对内部审计工作具有重要的影响,内部审计应该考虑如何将这些技术运用到审计实践中来。在审计部工作繁忙、没有太多时间吸收消化新技术的情况下,国内外的内部审计机构对这些新技术的实践则具有直接的借鉴作用。虽然每个公司的具体情况不同,但是一些好的内部审计实践仍然具有较好的启发意义。"审计知识"不仅是集团非审计人员学习的好平台,也是审计人员自身不断学习、不断提高的平台。

"审计公告"包括审计计划、审计通知、审计决定和人员交流四个栏目。"审计计划"栏目发布经过集团领导批准的年度审计计划、滚动的月度审计计划,以告知集团员工审计部将要开展的审计工作以及正在开展实施的审计工作进度。虽然审计通知书在实施审计前已经发给了被审计单位的管理层,但是被审计单位的很多员工并不一定都知道,因此有必要在集团网站上发布。这就是"审计通知"栏目。"审计决定"栏目通报审计发现的违规问题和舞弊的处理决定、整改要求等方面的信息。"人员交流"栏目发布审计部对集团其他部门人员的招聘需求以及短期借调需求,以加强员工在审计部门和其他部门之间的流动,提升审计部对生产经营

第六章 后续提升计划

管理实践的审计能力，增加集团其他部门对审计实践的认识。另外，也为员工个人的职业发展提供了更多的机会。

"审计故事"包括警示教育、审计实践和集团案例三个栏目。"警示教育"栏目收集集团外部具有警示意义的审计故事，以真实的故事教育集团管理人员和员工诚信做事，依法依规办事。"审计实践"栏目通过简单的审计故事来培训审计思维、审计方法、审计技巧和审计工具，不仅可以提高审计人员的审计能力，还可以吸引对审计真正有兴趣但是之前并不了解内部审计的人员加入审计部。"集团案例"栏目提供本集团真实的案例故事来宣传审计部门的工作以及审计工作对集团带来的帮助与价值。集团案例的发布可以起到两方面的作用：一是审计部可以借此机会感谢集团管理层和员工对审计工作的支持，鼓励有助于改善集团经营的审计人员与被审计人员建立合作来提高审计质量、发挥审计的价值；二是告诫管理层和员工不要存在侥幸心理，以约束其机会主义倾向，因为披露重大的审计发现和审计问题背后的故事，在一定程度上可以起到威慑管理层和员工的作用。

"信息反馈"包括投诉举报、合理建议和审计问答三个栏目。一般认为，"投诉举报"是发现舞弊和违规行为比较有效的方式，因此审计交流平台要给集团所有员工投诉举报的机会和通道，并且要为投诉举报者提供保护。"合理建议"栏目收集被审计单位对审计部和审计人员的合理化建议，以帮助审计人员更好地开展工作。审计问答栏目是审计人员与其他部门员工之间互动的平台，在非审计人员提出问题后，内部审计人员在信息交流平台上回答。

由此可见，审计沟通平台不仅提供了机会让集团其他部

门和员工学习审计知识，也为审计部与集团其他部门和员工提供了沟通渠道，还为审计人员自身学习提高提供了机会，因为集团其他部门和员工的好建议、好想法可以运用到审计中来，从而提高审计效率和效果。

虽然审计交流平台是搭建在集团公司内部网站上的，集团外单位和员工一般不能访问，但也要注意内部的保密和安全问题。对于集团没有公开的审计发现和审计决定，一般不能上传到网络平台。涉及员工隐私、投诉举报以及其他公开有损集团利益和员工利益的信息，应设置相应的权限，只有具有相应权限的员工才能查阅。

第七章
结论和启示

本书研究了 A 集团公司内部审计独立与整合的实践。A 集团公司规模大，业务领域广，境外投资巨大，分公司、子公司数量众多，管理层级多，集团管控难度大，正是内部审计充分发挥作用的好平台。然而，A 集团公司一直将内部审计定位于财务部的一个会计检查组，没有将内部审计放在应有的位置、发挥应有的作用，导致集团管控能力弱化、风险抵抗能力较低、合规性较差。虽然集团在快速发展，但是集团领导层对内部审计一直不重视，内部审计边缘化严重。然而，一系列舞弊的曝光却清楚地说明：内部审计职能的缺失严重制约了集团的健康发展，导致集团发生了重大的损失。因此，A 集团公司迫切需要建立现代化的内部审计机构。

正是在 A 集团公司领导层被动认识到内部审计的重要性的情况下，集团领导层在 2019 年 1 月决定独立与整合审计部；2 月和 3 月，集团审计部在充分调研集团内部审计发展情况的基础上，提出了审计部独立与整合方案，并获得了集团领导批准；4 月，集团审计部实现了审计人员集中办公；6 月底完成了独立与整合。整个独立与整合过程历时 6 个月。A 集团公司内部审计的独立与整合对我们认识内部审计实践具有重要的意义，也可以为其他集团公司内部审计的发展壮大提供借鉴和参考。本书研究了 A 集团公司内部审计独立与整合前的情况、独立与整合方案的制定和执行、独立与整合后审计部的规划。

第一节 结　论

本书从集团及其各分公司与子公司审计部职能、审计部机构与人员、审计计划、审计实施、审计报告、内部审计的生存环境、内部审计存在的问题等七个方面来描述审计部在独立与整合前的状况。A 集团审计部边缘化现象比较严重，没有真正履行现代化的审计职能。除了 3 家上市的二级公司审计部形式上开展内部控制评价外，整个集团审计功能集中在财务监督。在独立与整合前，A 集团公司的内部审计发挥的作用较小，边缘化程度很高。在分析集团内部审计现状的基础上，本书从审计部职能设置、机构设置、人员配置方案、审计管理方案等四个方面进行探讨并形成了正式的审计部独立与整合方案，该方案在 2019 年 3 月底获得集团领导班子会议通过。

接着，本书对审计部独立与整合方案的执行进行了描述，包括审计部正式独立、办公室调整、人员配置、章程和审计制度的制订、审计程序的规范、审计案例库建设、对外部审计机构的监督、审计部独立与整合遇到的阻力和困难。方案的执行历时 3 个月，到 2019 年 6 月，独立与整合方案落地。虽然独立与整合完成了，但是审计部还面临着很多问题，比如人员队伍的建设、审计部的发展规划、信息化程度提高等。在审计部独立与整合后，本书还从审计战略规划、

第七章　结论和启示

审计质量管理、信息化建设、数据分析与挖掘、审计沟通平台建设等五个方面对审计部后续提升计划进行了探讨。

内部审计独立与整合以对内部审计的重新定位为基础，体现的是对审计职能和审计资源的整合。独立与整合中，审计部的定位直接反映了集团领导层对审计部的重视程度，审计的职能直接决定了审计部能够获得的资源。一般认为，一把手的重视是内部审计发挥作用的关键因素。但是，一把手为什么要重视内部审计？可能是一把手本身就比较关心内部审计，也可能是以前得到过教训，也可能是上级单位要求他重视。显然，A集团公司一把手对内部审计的重视是因为集团内部发生了重大舞弊和违规问题，这些舞弊和违规问题给集团带来了巨大的损失，也影响了一把手个人的职业声誉。不过，值得一提的是，独立与整合后，A集团公司的审计部仍然没有直接由一把手来领导。

对审计部来说，如何有效地开展审计工作是一个摆在独立与整合后的审计部面前的大难题。集团公司管理层当前关心的是，内部审计能增强集团公司对下属单位的管控能力尤其是对风险的把控能力吗？而审计部当前的现状是审计能力严重不足。虽然在独立与整合完成后，集团审计人力资源得以集中，但是审计人员的数量和质量都不足的问题还没有得到解决；审计信息化程度低的问题也没有得到解决。要解决内部审计需求与供给之间的矛盾，审计部要主动沟通，真正发现实质性的问题和揭露对经营战略有重大影响的风险，让高层管理层和集团公司其他员工真正认识到内部审计带来的服务和价值。而内部审计获得的认可反过来又会导致审计资源配置的进一步优化和审计能力的提升，从而形成良性循环。

第二节 启　　示

一是内部审计在集团的定位和权威性是由管理层的需求决定的，内部审计一定要站在管理层的视角思考经营管理的重大问题，只有这样集团公司审计部才能更好地发展。一般来说，当公司出现舞弊和发现重大管理问题后，管理层才会真正重视内部审计。在 A 集团公司未发现重大舞弊或违规行为和出现巨大的损失之前，国资委和外部审计机构都多次提出要将审计部真正独立，但是 A 集团公司领导并没有认真执行。等到舞弊和损失发生了，集团公司领导层面临着保护国有资产的压力和经营考核的压力，他们才开始真正重视内部审计。这也在一定程度上说明，如果公司领导层对内部审计的认识不够，仅凭监管机构和上级单位的要求，审计部在公司还是难以真正得到重视和发挥作用。

二是集团公司审计部的独立与整合要立足于现状。对于 A 集团公司来说，内部审计力量相当薄弱，审计没有信息化。在这个背景下独立与整合，首先应该是确定审计部的定位，建立审计章程和内部审计制度，为审计部在集团的合法审计地位夯实基础；接着开始整合审计人力资源，并对审计计划、审前调查、审计方案、审计工作底稿、审计报告、后续审计等审计工作进行规范。而对于审计信息化，可以考虑在审计部各项制度流程比较健全完善的基础上分步骤地进行。

三是集团公司内部审计的发展是持续优化的。对于集团公司来说，如何发挥内部审计在集团中的价值增值作用，很

第七章 结论和启示

难说有一个标准的模式,只能说是如何逐渐找到合适所在集团的方式。另外,集团公司的经营战略、组织结构、商业模式、管理模式本身也在不断变化,因此内部审计要随之改变调整。集团内部审计的整合是一个持续优化和完善的过程,内部审计必须与所处的环境相适应才能更好地发展。

第三节 展 望

A集团公司内部审计独立与整合后,遇到的主要困难就是审计部如何有效地开展审计工作。为了克服这个困难,审计部部长的担当非常重要。审计部已经独立,绝没有理由再重回过去走会计监督的老路,也不能再陷入边缘化的局面。可喜的是,审计部部长已经认识到了这个问题,并开始积极地加强与集团管理层的沟通,获得高层领导的支持和认可;同时,审计部也开始招聘审计骨干和培训现有审计人员。然而,审计部要有效地开展工作,仅仅获得了高层的支持和提高审计能力还是不够的,还需要取得各级管理层和员工的支持和配合。在以后的工作中,审计部应该在保持监督和威慑的同时,多帮助各级管理层解决问题,以获得管理层的支持,使得管理层愿意接受审计、主动要求审计。

随着集团公司审计部的发展,审计信息化程度将会越来越高,数据分析和挖掘技术将越来越得到更广泛的应用,最终内部审计会更加智能化。可以预见,先进的信息技术将在集团审计中获得更多的运用。另外,为了更好地服务集团公司,咨询在审计部中的分量将会加大,文化审计、战略审计也将陆续开展,内部审计在创造集团价值中发挥的作用将越来越大。在合适的时候,审计部甚至可以进一步独立,成立审计公司,不仅可以为集团公司提供审计服务,还可以为其他公司服务,收取审计费用。

总之,审计部要不断地证明自己的价值,善于营销,围绕管理层关心的重点、集团面临的重大风险、经营上的难点展开有效的审计。可以预见,A集团公司审计部的独立与整合必将带来集团风险管控能力的增加,必将促进集团公司的健康发展。

参考文献

Moeller, Robert R. Brink's Modern Internal Auditing: A Common Body of Knowledge: 7th ed. [M]. Hoboken: John Wiley & Sons, Inc., 2009.

陈国珍, 赵婧. 信息化环境下内部审计技术方法研究 [J]. 会计之友, 2013 (8): 98 – 100.

陈善驰, 陈和平. 构建公司内部审计资源分配模型的设想 [J]. 会计之友, 2013 (10): 100 – 104.

陈武朝. 内部审计有效性与持续改进 [J]. 审计研究, 2010 (3): 48 – 53.

陈翔. 我国集团公司内部审计有效性的研究 [D]. 南京: 东南大学, 2005.

郭巧玲. 中国国有企业集团内部审计研究 [D]. 北京: 财政部财政科学研究所, 2013.

郭西. 我国审计资源整合研究 [D]. 重庆: 重庆大学, 2007.

蒋政. 优化审计资源配置 提升内部审计效果效率 [J]. 中国内部审计, 2011 (4): 38 – 39.

康琪钰. 陕西 A 集团内部审计优化研究 [D]. 西安: 西安理工大学, 2019.

李波,翟云萱,霍小姣. 上市公司内部审计治理优化研究[J]. 财会研究,2011(22):65-66.

李景祥. 论保证企业内部审计的权威性[J]. 油气田地面工程,2004,23(2):5-6.

李敏. 项目组合管理在审计资源配置中的运用[J]. 中国内部审计,2012(7):50-51.

李胜义. 提高内部审计资源管理水平的三项措施[J]. 中国内部审计,2009(6):62-63.

李涛,龚璇. 企业集团内部审计运行机制再造:基于价值创造与风险管控视角[J]. 财会月刊,2013(6):88-92.

李晓红. 基于集团管理控制目标的内部审计应用研究:以FE集团为例[D]. 上海:复旦大学,2008.

凌华兰. 浅析我国现代集团企业内部审计的问题及制度创新[J]. 四川职业技术学院学报,2012(12):145-147.

刘德运. 内部审计帮助企业增加价值:一个框架[J]. 审计研究,2014(5):108-112.

刘华. 持续在线审计研究[J]. 中国注册会计师,2015(4):95-98.

马志高. 浅议企业内部审计资源整合[J]. 中国城市经济,2010(5):114-115.

梅丹. 机构设置、沟通与内部审计职能实现:基于内部审计冲突的视角[J]. 财经论丛,2018(5):66-75.

聂新军,张立民. 政府审计资源整合与利用:基于审计服务价值链视角分析[J]. 中国行政管理,2008(5):68-71.

乔翠云. 社会审计和内部审计的资源管理[J]. 经济研究导刊,2012(28):86-87.

秦荣生．审计客观公正的保证：审计的独立性和权威性要求[J]．北京商学院学报，1995（3）：31-34．

任志宏．完善企业集团内部审计模式，提高企业战略决策经营能力[J]．审计研究，2005（3）：82-84．

沈克俭．建立企业内部审计机构应遵循的准则[J]．财会通讯，1984（S4）：19．

宋志香．集团公司内部审计资源整合方式探讨[J]．会计之友，2011（15）：87-88．

孙敏．浅议审计辅助类资源对提升内部审计成效的重要作用[J]．时代金融，2014（9）：123-124．

孙宁．依法落实审计意见维护审计的权威性和严肃性[J]．审计理论与实践，2001（6）：32．

陶航平．审计资源整合探索及思考[J]．现代审计与经济，2006（3）：15-16．

王宝庆，张庆龙．内部审计[M]．2版．大连：东北财经大学出版社，2017．

王兵，鲍国明．国有企业内部审计实践与发展经验[J]．审计研究，2013（2）：76-81．

王兵，刘力云，张立民．中国内部审计近30年发展：历程回顾与启示[J]．会计研究，2013（10）：83-88．

王兵，刘力云．中国内部审计需求调查与发展方略[J]．会计研究，2015（2）：73-78．

王继．加强公司内部审计资源管理之浅见[J]．财经界，2010（3）：153．

王旭辉，时现，魏瑾．化解内部审计潜在冲突的方法[J]．审计研究，2011（1）：63-68．

吴丹. 企业内部审计资源整合研究：以 HT 公司信息化平台审计资源整合为例 [D]. 南京：南京审计大学，2018.

吴清华，裘宗舜. 集团公司内部审计运作模式探讨：基于公司治理视角 [J]. 财会通讯，2009（11）：79-81.

辛士勇. 中央企业内部审计管理体制研究：基于 ZGDT 集团 [D]. 呼和浩特：内蒙古大学，2014.

严玮佳. 我国国有企业内部审计管理研究 [D]. 杭州：浙江工商大学，2018.

叶陈云，叶陈刚，张琪. 企业集团公司内部审计战略规划体系构建研究 [J]. 审计研究，2013（2）：68-75.

尹登高. 审计全覆盖背景下审计资源整合研究：以国有企业经济责任审计为例 [D]. 南京：南京审计大学，2017.

尹维喆. 构建基于集团化思路的内部审计体制：以 A 集团为例 [J]. 中国内部审计，2012（8）：44-47.

袁敏. 内部审计的压力与应对：以 XF 审计 GS 为例 [J]. 财务与会计，2018（9）：77-79.

云应平. 加强企业内部审计资源整合的构想 [J]. 合作经济与科技，2011（6）：80-81.

张庆龙. 论中国审计资源配置方式的特殊性及其优化 [J]. 现代财经，2006（12）：47-52.

张燕. 延长石油集团内部审计管理体系改进研究 [D]. 西安：西北大学，2013.

张竹林，郑石桥. 内部审计组织体制：理论框架与例证分析 [J]. 会计之友，2017（9）：132-136.

赵玲，姜一川. 审计环境变化对内部审计的影响：基于 PESTLE 模型的理论分析 [J]. 中国内部审计，2014

(10): 36 – 39.

郑石桥. 内部审计领导体制:理论框架和例证分析 [J]. 会计之友, 2017 (8): 127 – 133.

郑石桥. 内部审计权威性:理论框架和例证分析 [J]. 会计之友, 2017 (11): 133 – 136.

周红梅. 企业内部审计资源整合的构想 [J]. 现代经济信息, 2012 (1): 166.

后　　记

　　本书的写作动机主要来自作者参与 A 集团公司内部审计独立与整合的实践。在作者到 A 集团公司审计部之前，曾一度认为像 A 集团公司这样知名的大企业应该有现代化的内部审计。到了之后才发现，审计部划在财务部，归财务部部长领导，并不是真正的部门。之所以叫审计部，完全是为了应付上级部门而玩的文字游戏。审计部的力量也非常弱，主要从事会计财务检查。A 集团公司控股的 3 家上市公司的审计部门虽然独立，但也是以财务审计为主，对内部控制的审计和评价流于形式，其中有 2 家公司的审计部向董事长报告，还有 1 家向财务总监报告。

　　作者与多名不同层级的员工进行交谈后了解到，内部审计在集团发挥的作用非常有限，内部审计处于可有可无的状态。虽然大部分交谈人员认为内部审计本身在监督方面的作用很大，但是却否认内部审计在集团中发挥的作用。提及原因，他们首先提到的是内部审计人员不懂业务，能力不够；也有一些员工认为是领导不懂内部审计、不重视内部审计。

　　在作者到集团后不久，集团公司下属的财务公司在对集团下属的一家贸易公司进行检查时发现，该贸易公司存货账实金额相差巨大；进一步追查发现，该贸易公司违规开展供

后记

应链金融业务，导致集团损失金额在 1 亿美元以上。另外，一家上市公司发现在全国各地从事营销的分公司大面积地提前确认收入，导致 10 多名分公司总经理受到处理。除了这两件事情，监察部门还收到几个下属单位总经理舞弊的举报，有的还牵扯了好几年前的事情。在监察部门和审计部联合展开调查后，集团公司很快就核实了这几起举报的真实性。这些舞弊和违规行为的曝光引起了集团领导层的高度重视。

A 集团公司作为大型国有独资公司，受国资委、审计机关等政府部门的监管，出现的舞弊和违规问题以及带来的损失给集团领导带来了巨大的压力。为了缓解自己的压力，集团领导决定强化审计力量，加强会计核算审计、风险管理审计、内部控制审计。在 2019 年 1 月，集团公司总经理在年度经营大会上，明确提出要独立与整合集团内部审计，并将强化内部审计力量作为年度十件经营管理大事来抓。对于审计部的规模，也有硬性指标要求：到 2019 年 12 月，内部审计人员不得少于 50 人。

作为集团内部审计独立与整合的负责人，作者负责方案的制定和实施。在独立与整合完成后，作者感到有必要将这段经历描述出来。因为作者相信，虽然每个集团、每个公司面临的具体情况不同，内部审计的组织和管理也不同，但是内部审计背后体现的利益考量却具有共性。本书描述的这段经历，也应该对内部审计人员有所启发和帮助。